¿Qué le pasa?

Basic Spanish for Medical Personnel

Jenifer Burckett-Evans

Spanish Department
San Diego State University
Mesa Community College

Instructor of Medical Spanish
Mercy Hospital, San Diego

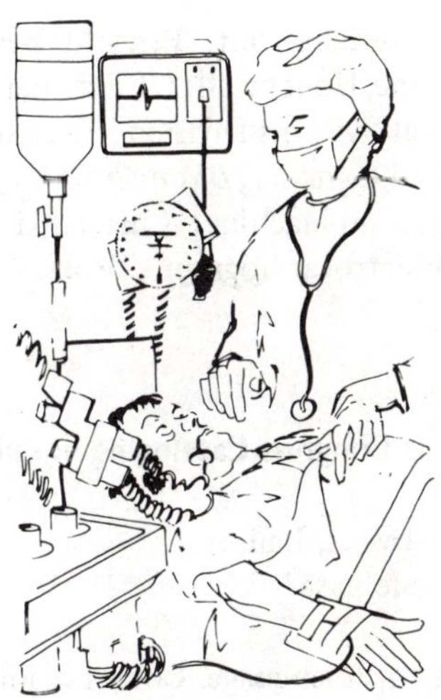

ADDISON-WESLEY PUBLISHING COMPANY

Reading, Massachusetts • Menlo Park, California • Don Mills, Ontario
Amsterdam • London • Manila • Singapore • Sydney • Tokyo

Additional materials:

1 cassette recording, C–90
User's Guide (Answer Key)

Illustrations by:

Susan Avishai, William Boggs, Art Ciccone, Jean Depoian,
Michael Johnston, and Tom Leamon

Photo credits (page 102):

Intensive Care Unit: Perry M. Benson, Electronics for
Medicine/Honeywell; CT Scanner: General Electric
Medical Systems Division; Electroencephalography: Dr.
Richard Gerstner, *Biomedical Engineering* 4:369, 1969;
Ultrasound Machine: Curt T. Richter; Electrocardiography
and Electrocardiogram: Dr. H. Watson

Library of Congress Cataloging in Publication Data

Burckett-Evans, Jenifer.
    ¿Que le pasa?

    1. Spanish language--Conversation and phrase books
(for medical personnel) 2. Spanish language--Grammar--
1950 -   . I. Title. II. Title: Basic Spanish for
medical personnel. [DNLM: 1. Medicine--Phrases--
Spanish. PC 4121 B948q]
PC4120.M3B85   1983   468.3'421'02461   82-22797
ISBN 0-201-13196-X

ISBN 0-201-13196-X
ABCDEFGHIJK-AL-89876543

Preface

The Hispanic population of California recorded by the U.S. census of 1980 was 4.5 million. Texas, with nearly 3 million, New York with 1.6 million, and Florida, with nearly 900,000, are the other major U.S. Hispanic population centers. New Mexico, Arizona, and Colorado also have significant numbers of Hispanic residents. The increasing U.S. Hispanic population presents our hospitals and clinics with a new educational dilemma: the need to train medical personnel to speak Spanish within a professional framework.

Many major medical centers have long relied on the services of translators to serve their non-English speaking patients. However, their unavailability or lack of familiarity with the medical setting at crucial moments has demonstrated the inefficiency of this approach. The communication process is integral to optimum patient care across the health care spectrum—in Emergency Services, Radiology, Family Medicine, Social Services, Primary Care, Admissions, and all other inpatient and outpatient facilities. Physicians, nurses, paramedics, and all health care providers and administrative support staff who come in contact with Spanish speaking patients increasingly feel the need for medically oriented communication skills in Spanish.

As hospital administrators become more aware of the need for equipping their personnel with basic Spanish skills for the medical context, health care educators are constantly being bombarded with requests for classes in Medical Spanish and for advice concerning available texts in this discipline. Traditional texts, while strong in imparting basic communication skills, lack the medical orientation health care professionals require. On the other hand, the few available texts or reference books specifically devoted to Medical Spanish tend to overburden the student with a morass of grammar that is both impossible to absorb and largely unnecessary. Health care educators have thus been faced with a void when choosing a Medical Spanish text—until now.

¿Qué le pasa?, by Jenifer Burckett-Evans, with its focus on Medical Spanish and its practical, no-nonsense approach to grammar, fills this void and represents a welcome addition to health care education. The language is presented in job-related contexts, and the flexible format allows specialized personnel to acquire the vocabulary most meaningful to their particular discipline. The inclusion of Spanish-English/English-Spanish Glossaries at the end of the text make it a handy on-the-job resource long after its contents have been digested. In addition, the accompanying cassette tape serves a dual purpose. It may be used as an ideal home supplement to a formal Medical Spanish course or, in conjunction with the *User's Guide*, it rounds out a complete self-instructional package that may be made available to all staff members whose schedules preclude regular class attendance.

The author of *¿Qué le pasa?*, Jenifer Burckett-Evans, is an exciting and innovative instructor, and those of us in the health education field are fortunate indeed in being able to benefit from her wealth of experience in this highly specialized area of foreign language instruction. The publication of *¿Qué le pasa?* constitutes an enormous contribution to health care education.

Grace L. Miller
Coordinator, Staff Education
University of California Medical Center
San Diego

Note to the Student

In a San Diego hospital, a Mexican woman lies on an operating table. She is about to undergo cardiac catheterization. A number of medical students crowd about to observe as the doctor inserts the catheter. Suddenly, the conscious but frightened woman develops a serious problem. To alleviate it, the doctor tells her to cough. The woman, who understands only Spanish, lies still, not comprehending. "Cough! Cough!," the doctor repeats. Then, a medical student who has studied Spanish intervenes: "¡Tosa! ¡Tosa, señora!" The woman begins to cough and thus keeps her heart beating regularly during insertion of the catheter. A problem that had turned a delicate procedure into a life-threatening situation was eliminated by the brief intervention of a non-native speaker of Spanish.

¿Qué le pasa? was written to enable health care professionals at all levels to improve service to their Spanish speaking patients. Whether the situation is life and death or simply a question of putting the patient at ease, the continuing growth of our Hispanic population ensures that Spanish will become an increasingly useful tool to those in the medical field. **¿Qué le pasa?** introduces medical professionals to the fundamentals of Spanish in a context suited to their particular needs. Basic Spanish grammar and practical medical terms are combined in a communicative approach that will encourage you to use the language from the first day on in a meaningful manner.

¿Qué le pasa? is an introductory program, consisting of text and tape, designed for those with no previous language background who need to learn conversational Spanish for use in a medical setting. Its practical orientation ensures that you will quickly acquire sufficient communicative skills to improve the quality of the care you provide your Spanish speaking patients.

The material in **¿Qué le pasa?** can be covered in a one-semester course that meets three hours per week. However, because many medical professionals have irregular schedules that do not allow class attendance on a regular basis, this program is also suitable for self-study. Self-study users will find that the brief, simple grammar explanations make the contents of the book readily accessible. Use of the accompanying cassette tape will afford numerous opportunities for oral practice and provide a model for correct pronunciation to those learning the language on their own. **¿Qué le pasa?** will also be useful to those of you who have some background in Spanish but are unfamiliar with Spanish medical terminology. Each of the twelve chapters in the book is thematically oriented, thus ensuring quick access to specific medical vocabulary needs.

All of the chapters of **¿Qué le pasa?** are organized around the following key features to facilitate the learning process:

Diálogos: The opening dialogues provide practice in the kinds of communication needed in high-frequency medical situations. The structures and vocabulary presented here are realistic and highly useful.

Preguntas: These questions, based on the dialogues, encourage you to use your inductive skills to formulate responses before formal study of the language elements involved. Thus you become familiar with new structures in a more natural way and are better prepared to understand them and build upon them when they are explained in detail later in the chapter.

Vocabulario visual: Since it is much easier to acquire vocabulary items when they are associated with a picture, the key terminology of each chapter is presented visually in this section. This makes the task of learning new material less overwhelming for many students.

Vocabulario especializado/Vocabulario suplementario: These sections expand the vocabulary pool available to students in relation to the main theme of the chapter. You are not expected to learn each and every item that appears in these sections, but instead should choose those that correspond to your specific needs.

Observación: This section introduces you to the enormous number of cognates that exist between Spanish and English in the medical field. You will gradually come to realize that, with minor adjustments in pronunciation, you already have access to a good deal of vocabulary stemming from your previous professional studies.

La lengua: This section explains concisely, in English and with additional examples in Spanish, the new structural items presented in the opening dialogues.

Ejercicios/Diversión/¿Qué pasa?: These sections lead you toward your ultimate goal of creative communication in Spanish. In a controlled sequence of steps of gradually increasing difficulty, you will internalize new material, personalize what you have acquired, and finally, through role playing, interviews, and other communicative activities, use Spanish to solicit information and, at the same time, sharpen your listening skills by interacting with others.

Vocabulario: At the end of each chapter, all new lexical items are presented by function and in alphabetical order for ready access.

Although the primary focus of **¿Qué le pasa?** is on oral communication skills, the ability to read in a foreign language is useful both for acquiring new vocabulary and for increasing one's awareness of the nature of the language and the people who speak it. Therefore, selected chapters of **¿Qué le pasa?** also contain a brief *Lectura* (reading) that centers around either a common medical topic or some significant element of Hispanic culture, such as folk medicine.

When used in conjunction with the cassette tape, **¿Qué le pasa?** offers you a balanced approach to learning the Spanish you need to communicate effectively with Hispanic patients at a variety of levels. The use of all four language skills (listening, speaking, and, to a lesser degree, reading and writing) throughout the program will enable you to *acquire* (unconsciously absorb) the language, rather than merely learn (consciously memorize) its structure and vocabulary. At the same time, you will gradually gain awareness of the nature of interpersonal relationships and of the rich cultural heritage of your Hispanic patients.

It is my hope that, when you finish **¿Qué le pasa?**, you will be armed with all the tools you need to deal confidently with Spanish speakers in a medical setting.

Jenifer Burckett-Evans

Indice general

¿Qué le pasa?
Basic Spanish for Medical Personnel

CAPÍTULO 1
Ocupaciones

¿Cómo se llama usted?

Hablan un médico (M) y una paciente (P).

M: Buenos días, señora.
P: Buenos días, doctor.
M: ¿Cómo se llama usted?
P: Me llamo Elisa Barrios. Y usted, doctor, ¿cómo se llama?
M: Me llamo Antonio Santos.

¿Cómo está usted?

Hablan una enfermera (E) y un paciente (P).

E: Buenas noches, señor Vila.
P: Buenas noches, señorita Martínez.
E: ¿Cómo está usted hoy? *
P: Bien, gracias, ¿y usted?
E: Muy bien, gracias. Adiós, hasta pronto.
P: Adiós, hasta luego.

**¿Cómo se siente usted hoy?* (How do you feel today) is another way of inquiring about a patient's condition. Possible answers include: *Me siento bien/mejor/mal/muy mal/peor, gracias.*

¿Quién es usted?

Entra un médico (M) en un cuarto. Habla con un paciente (P).

M: Buenas tardes, señor Alonso. ¿Cómo está usted?
P: Mejor, gracias. Pero, ¿quién es usted?
M: ¡Ay!, ¡perdón! Yo soy el doctor Sánchez. Soy colega
     del doctor Castro.
P: ¿Es usted neurólogo también?
M: No exactamente. Soy neurocirujano.
P: Pues, mucho gusto, doctor Sánchez.

En la cafetería

*Entran dos enfermeras para tomar café. Se
sientan juntas y conversan.*

E 1: Hola, Marta. ¿Cómo te va?
E 2: Bien, Elena; ¿y a ti?
E 1: Muy bien, gracias. ¿Dónde trabajas
        ahora?
E 2: Trabajo en Pediatría, con la doctora
        Rodríguez. ¿Y tú?
E 1: Estoy todavía en Cardiología.

PREGUNTAS

1. ¿Cómo se llama la paciente? (Se llama ...)
2. ¿Cómo se llama el doctor?
3. ¿Cómo se llama la enfermera?
4. ¿Cómo está el señor Vila?
5. ¿Cómo está el señor Alonso?
6. ¿Dónde trabaja Marta? (Trabaja ...)
7. ¿Dónde trabaja Elena?

VOCABULARIO VISUAL
Servicios y profesiones

Radiología*
radiólogo*

Cuidados intensivos
enfermero/enfermera

Sala de operaciones
cirujano

Sala de emergencia
médico

Obstetricia y ginecología
obstetra/ginecólogo

Psiquiatría
psiquiatra

Farmacia
farmacéutico

Laboratorio
técnico de laboratorio

Cardiología
cardiólogo

Note: Most medical specialties ending in *-ology* and *-iatry* in English end in *-ología* and *-iatría*, respectively, in Spanish. Similarly, professions ending in *-ologist* and *-iatrist* in English tend to end in *-ólogo* and *-iatra* in Spanish.

Oficina de recepción
recepcionista

Fisioterapia
fisioterapeuta

Pediatría
pediatra

VOCABULARIO ESPECIALIZADO

anestesista	anesthesiologist	*neurocirujano (a)*	neurosurgeon
cardiólogo	cardiologist	*neurólogo (a)*	neurologist
cirujano	surgeon	*obstetra*	obstetrician
dentista	dentist	*ortodontólogo*	orthodontist
dietista	dietician	*ortopedista*	orthopedist
doctor (a)	doctor	*pediatra*	pediatrician
enfermero (a)	nurse	*psiquiatra*	psychiatrist
farmacéutico (a)	pharmacist	*radiólogo*	radiologist
fisioterapeuta	physiotherapist	*residente*	resident
ginecólogo (a)	gynecologist	*secretaria*	secretary
higienista	hygienist	*técnico (a)*	technician
interno (a)	intern	*terapeuta*	therapist
médico (a)	doctor	*urólogo (a)*	urologist

OBSERVACIÓN

Many Spanish verbs drop their infinitive ending to form their English counterpart.

absorber	*consistir*	*existir*	*permitir*
alterar	*consultar*	*formar*	*prolongar*
arrestar	*controlar*	*infectar*	*protestar*
balancear	*convertir*	*informar*	*referir*
calmar	*costar*	*interpretar*	*representar*
considerar	*depender*	*omitir*	*resentir*

LA LENGUA

1. In Spanish there are two forms of direct address: *usted* and *tú*. *Usted* is the formal singular form and should be used when you are speaking to a stranger, a superior and, in general, to anyone with whom you are not on a first-name basis.

   Examples

¿Es **usted** el doctor Blanco?	Are you Doctor Blanco?
¿Cómo está **usted** hoy, señora?	How are you today, ma'am?

   Tú, the informal singular form, should be used when you are speaking to a close friend or colleague, any other adult you address on a first-name basis, and children.

   Examples

¿Cómo te llamas (tú)?	What's your name?
¿Dónde trabajas (tú)?	Where do you work?

2. Spanish verbs fall into three categories or conjugations, determined by their infinitive ending. The most common are the verbs ending in *-ar*. The forms (conjugation) of the present tense are:

   trabaj*ar*

(yo) **trabaj***o*	I work/am working
(tú) **trabaj***as*	you (familiar) work/are working
(usted)	you (formal) work/are working
(él) **trabaj***a*	he works/is working
(élla)	she works/is working
(nosotros) **trabaj***amos*	we work/are working
(vosotros) **trabaj***áis*	you (fam. pl.) work/are working*
(ustedes)	you (pl.) work/are working
(ellos) **trabaj***an*	they (masc.) work/are working
(ellas)	they (fem.) work/are working

   *The second person plural form *vosotros* is used almost exclusively in Spain and will not appear again in this text. Note that in Spanish it is not always necessary to use the subject pronouns *yo, tú,* and *nosotros*, because the endings of the verbs differ depending on their subject.

   Examples

¿Dónde **trabaj***as*?	Where do you work?
Trabaj*o* en Radiología.	I work in Radiology.

3. **Nouns (sustantivos)**

   Spanish nouns are either masculine or feminine in gender. Those ending in *o* are usually masculine, and those ending in *a, ión,* or *ad* are usually feminine.

4. The Definite Article

The definite article (the) has two forms in the singular: *el* (m.) and *la* (f.)

el ojo   (the eye)   **la** boca   (the mouth)

In the vocabulary sections noun gender will be indicated by *el* and *la*.

Use of the Definite Article
In Spanish, the definite article (*el* or *la*) must be used when referring to a person's title or marital status, except in direct address.

Examples
Soy **el** doctor Alvarez.   I'm Dr. Alvarez.
Soy **la** señorita Jackson.   I'm Miss Jackson.
but
Buenas tardes, doctor Mejías.   Good afternoon, Dr. Mejías.

Note that in naming your profession *no* article is used.

Soy fisioterapeuta.   I am *a* physiotherapist.

5. Ser and estar

In Spanish there are two verbs meaning *to be*. These are *ser* and *estar*. *Ser* is normally used in expressions that define or classify (possession, definition, characteristic quality, origin).

Examples
Soy médico.   I am a doctor.
Es alta.   She is tall.

Estar is used to express location or to report an observation that is valid at the time.

Examples
Estoy mal.   I am sick.
Está cansado.   He is tired.
¿Dónde **está** la doctora Rodríguez?   Where is Dr. Rodriguez?

6. Numbers 0-19

0 cero	**5** cinco	**10** diez	**15** quince
1 uno	**6** seis	**11** once	**16** dieciséis
2 dos	**7** siete	**12** doce	**17** diecisiete
3 tres	**8** ocho	**13** trece	**18** dieciocho
4 cuatro	**9** nueve	**14** catorce	**19** diecinueve

EJERCICIOS

A. ¿Cómo se llama usted?
Find out the names of the other people in your class.

Model:
- ¿Cómo se llama usted?
- Me llamo Juan Contreras.

B. ¿Cómo se llama?
Work in pairs and follow the model. Use *él* or *ella* as appropriate.

Model:
- ¿Cómo se llama él?
- Se llama Antonio Ruiz.

Antonio Ruiz

1. Carmen Serrano

2. Federico González

3. Julio Ramírez

4. Lupe Velázquez

5. Felipe Castro

6. Lucía Rivera

C. ¿Cómo está? / ¿Cómo estás?
Ask the people in the illustrations how they are. Choose in each case between *¿Cómo está usted?* and *¿Cómo estás?* and use the person's name.

Model: ¿Cómo está usted, señor Blanco?

señor Blanco

1. doctora Hernández

2. Pepe

3. señora Moreno

4. doctor Jiménez

5. Lupe

D. Now play the roles of the people illustrated in Exercise C. Answer as they would.

Model 1: - Muy bien, gracias, ¿y usted?

Model 2: - Muy bien, gracias, ¿y tú?

Other expressions you may want to use are:

bien	well	*mal*	ill
regular	not so well	*mejor*	better
así así	so-so	*peor*	worse

E. Práctica
Find out how the other people in your class are, and answer their questions about how you are (refer to Exercise D). Some expressions you may want to use are:

Formal	*Informal*
¿Cómo está usted?	¿Cómo estás?
¿Cómo le va?	¿Cómo te va?
¿Cómo se siente usted?	¿Cómo te sientes?
	¿Qué tal?
	¿Qué hay?

F. El or la?
Fill in the correct article.

1. Soy . . . . doctor López.
2. ¿Cómo está . . . . señorita Pérez?
3. . . . . señor García se siente muy mal.
4. Soy . . . . doctora Figueroa.
5. . . . . señora Rivera trabaja en Psiquiatría.

G. Verbos

Fill in the correct form of each verb given in parentheses.

1. El médico . . . . (entrar) en el cuarto.
2. Yo . . . . (trabajar) en la sala de Psiquiatría.
3. Marta y Elena . . . . (tomar) café.
4. Las enfermeras . . . . (hablar) con el paciente.
5. ¿. . . . . . . (trabajar) usted en la sala de Maternidad?
6. Elisa y yo . . . . (conversar) en la cafetería.
7. ¿. . . . . . . (hablar) tú con el doctor Alonso o con el doctor Castro?

H. Responda

Following the models, prepare questions and answers about the people in the illustrations.

Model 1: ¿Quién es farmacéutico?
Antonio Ruiz es farmacéutico.

Antonio Ruiz
farmacéutico

Farmacia

Model 2: ¿Dónde trabaja Antonio Ruiz?
Trabaja en la farmacia.

I. Profesiones

Work in pairs. Take turns finding out what your occupations are. Follow the model and refer to the Specialized Vocabulary on page 5.

Model: — ¿Es usted enfermera?
    ○ Sí, soy enfermera.

  or

    ○ No, soy médica.

J. Responda

Answer the following questions.

1. ¿Cómo se llama usted?
2. ¿Cómo está usted?
3. ¿Dónde trabaja usted?
4. ¿Quién es usted?
5. ¿Es usted cirujano?
6. ¿Trabaja usted en Radiología?
7. ¿Cómo te va?

K. Preguntas

Here's the answer. What was the question?

1. Me llamo Carlos Fuentes.
2. Así así, gracias, ¿y usted?
3. Bien, gracias, ¿y tú?
4. Se llama María Rivera.
5. Trabaja en la sala de operaciones.
6. Trabajo en la clínica.
7. Sí, soy doctora.
8. El señor Méndez es farmacéutico.

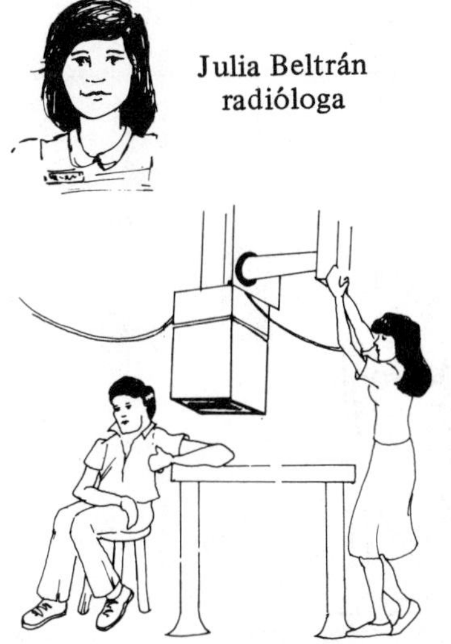

Julia Beltrán
radióloga

Radiología

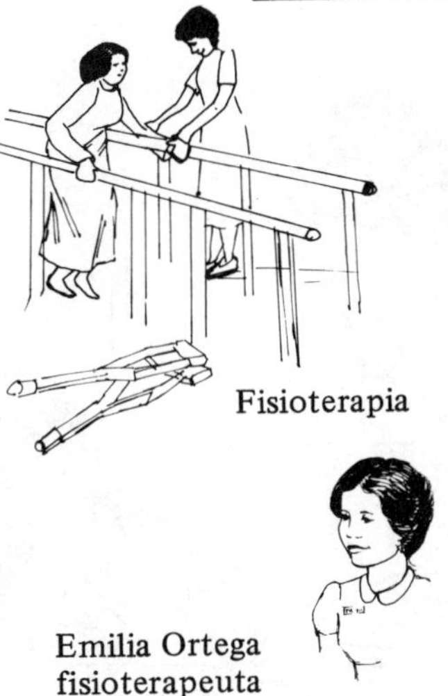

Fisioterapia

Emilia Ortega
fisioterapeuta

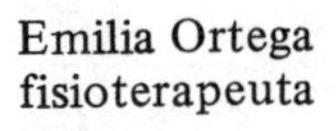

Pedro Roldán
cirujano

Sala de operaciones

Diversión

Interview a classmate. You will ask the question in column 1. Your partner will respond in accordance with the clue in column 2. You will then write your partner's answer following the clue in column 3.

1. ¿Cómo se llama usted?	Me llamo	Se llama __________.
2. ¿Cómo está usted?	Estoy	Está __________.
3. ¿Cuál es su profesión?	Soy	Es __________.
4. ¿Dónde trabaja usted?	Trabajo en	Trabaja en __________.

CRUCIGRAMA

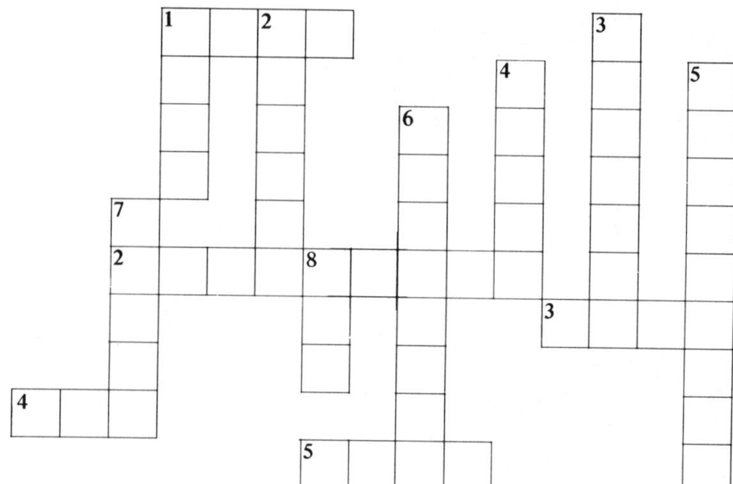

Horizontal

1. Nueve y dos son ________.
2. Contrario de "posible".
3. Quince menos nueve son ________.
4. Once menos diez son ________.
5. Ocho menos cinco son ________.

Vertical

1. Cinco y tres son ________.
2. Tres y uno son ________.
3. Siete y siete son ________.
4. Diez menos tres son ________.
5. Nueve y siete son ________.
6. Contrario de "improbable".
7. Doce menos siete son ________.
8. Tres y tres ________ seis.

¿Qué pasa?

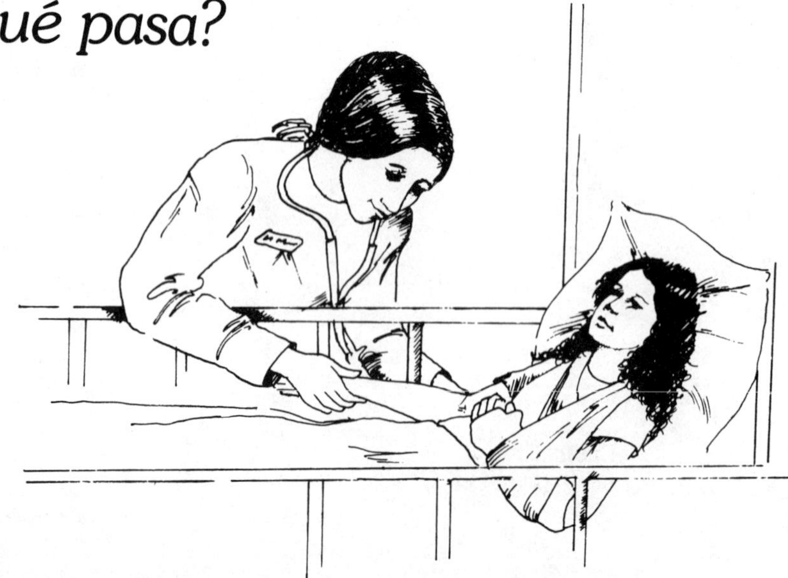

(Prepare un diálogo.)

VOCABULARIO

SUSTANTIVOS
el **café** coffee
la **cafetería** cafeteria
la **cardiología** cardiology
el/la **colega** colleague
el **cuarto** room
el **doctor** doctor (*m.*)
la **doctora** doctor (*f.*)
la **enfermera** nurse
el **médico** doctor
el **neurocirujano** neurosurgeon
el **neurólogo** neurologist
el/la **paciente** patient
la **pediatría** pediatrics
la **profesión** profession
el **señor** man (Mr., sir)
la **señora** woman (Mrs., ma'am)
la **señorita** young woman (Miss)

PRONOMBRES
yo I
tú you (inf.)
usted you (form.)
él he
ella she
nosotros we
ustedes you (*pl.*)
ellos they (*m.*)
ellas they (*f.*)

quién who

ADJETIVOS
dos two
juntos/as together
un/una a/one

VERBOS
conversan (*conversar*) converse, chat
entra (*entrar*) enters
entran (*entrar*) enter
¿es usted? (*ser*) are you?
¿cómo está usted? (*estar*) how are you?
estoy . . . (*estar*) I am . . .
habla (*hablar*) (he) speaks
hablan (*hablar*) (they) speak
¿cómo se llama usted? (*llamarse*) what is your name?
me llamo . . . my name is . . .
se sientan (*sentarse*) they sit
¿cómo se siente usted? (*sentirse*) how do you feel?
me siento . . . (*sentirse*) I feel . . .
(yo) soy (*ser*) I am
tomar to drink
trabajas (*trabajar*) work
trabajo (*trabajar*) work
¿cómo te va? (*ir*) how are things with you?
bien, ¿y a ti? fine, and you?

ADVERBIOS
ahora now
bien well, fine
¿dónde? where?
hoy today
mal bad, poorly
mejor better
muy very
peor worse
también also, as well
todavía still

EXPRESIONES
adiós goodbye
así, así so, so
¡ay! oh!
buenas noches good evening
buenas tardes good afternoon
buenos días good morning
gracias thank you
hasta luego see you later
hasta pronto see you soon
hola hi
mucho gusto pleased to meet you
no exactamente not exactly
perdón! excuse me!

CAPÍTULO 2
La familia

Mucho gusto

Conversación entre un paciente (P) y su madre (M). Entra la doctora Salcedo (S).

S: Con permiso.
P: Pase. Buenos días, doctora Salcedo. Quiero presentarle a mi madre, Carmen Rosa Sánchez de Moreno.
S: Mucho gusto, señora.
M: El gusto es mío, doctora.

¿Qué fecha es hoy?

Hablan el paciente Alfonso López (P) y la doctora Menéndez (D).

P: ¿Qué día es hoy, doctora?
D: Hoy es miércoles.
P: ¿Y qué fecha es hoy?
D: Es el quince de septiembre.
P: ¡Ay! ¡Mañana es el día de mi operación!
D: ¡Qué le vaya bien y que se mejore pronto!

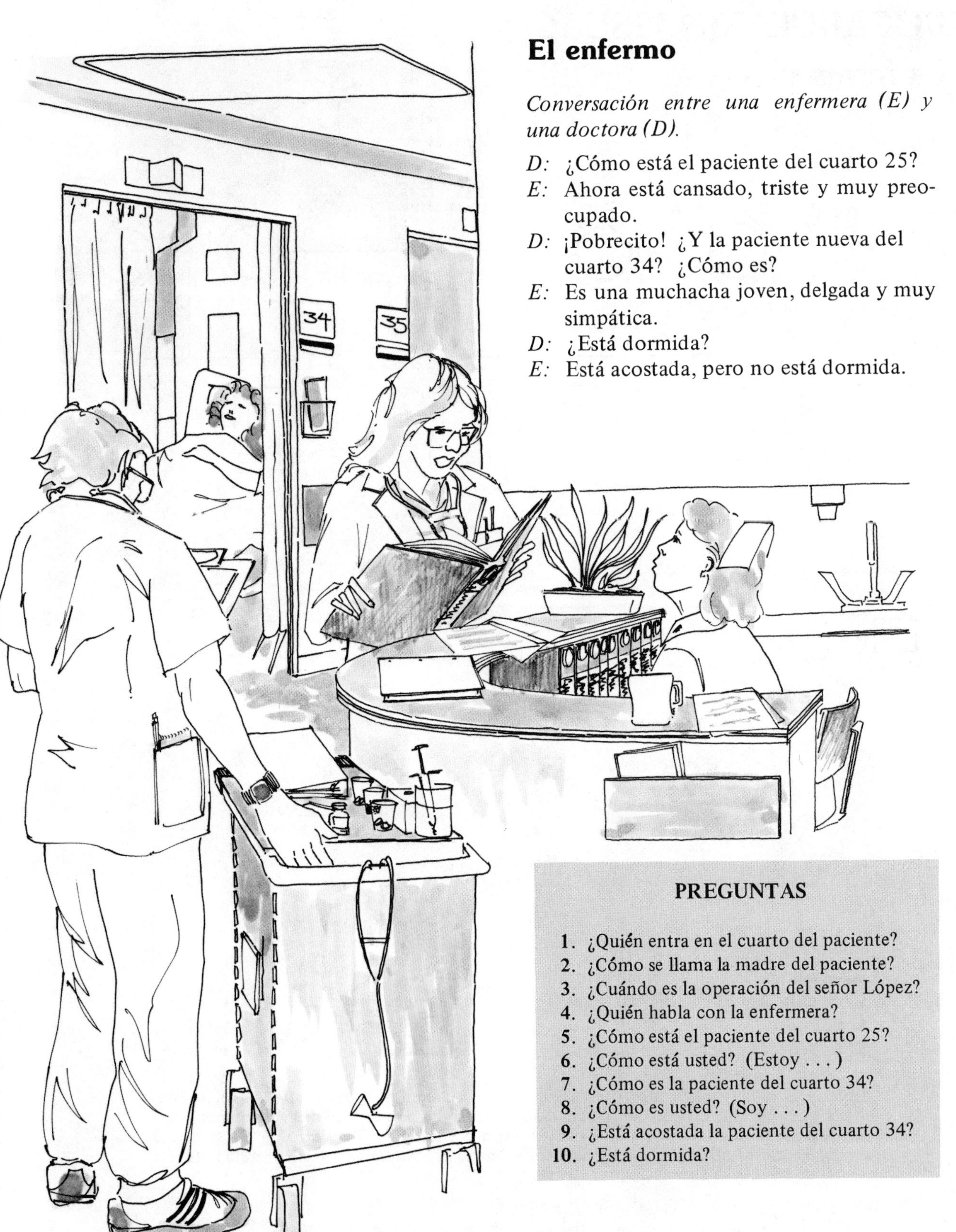

El enfermo

Conversación entre una enfermera (E) y una doctora (D).

D: ¿Cómo está el paciente del cuarto 25?

E: Ahora está cansado, triste y muy preocupado.

D: ¡Pobrecito! ¿Y la paciente nueva del cuarto 34? ¿Cómo es?

E: Es una muchacha joven, delgada y muy simpática.

D: ¿Está dormida?

E: Está acostada, pero no está dormida.

PREGUNTAS

1. ¿Quién entra en el cuarto del paciente?
2. ¿Cómo se llama la madre del paciente?
3. ¿Cuándo es la operación del señor López?
4. ¿Quién habla con la enfermera?
5. ¿Cómo está el paciente del cuarto 25?
6. ¿Cómo está usted? (Estoy . . .)
7. ¿Cómo es la paciente del cuarto 34?
8. ¿Cómo es usted? (Soy . . .)
9. ¿Está acostada la paciente del cuarto 34?
10. ¿Está dormida?

VOCABULARIO VISUAL
La familia

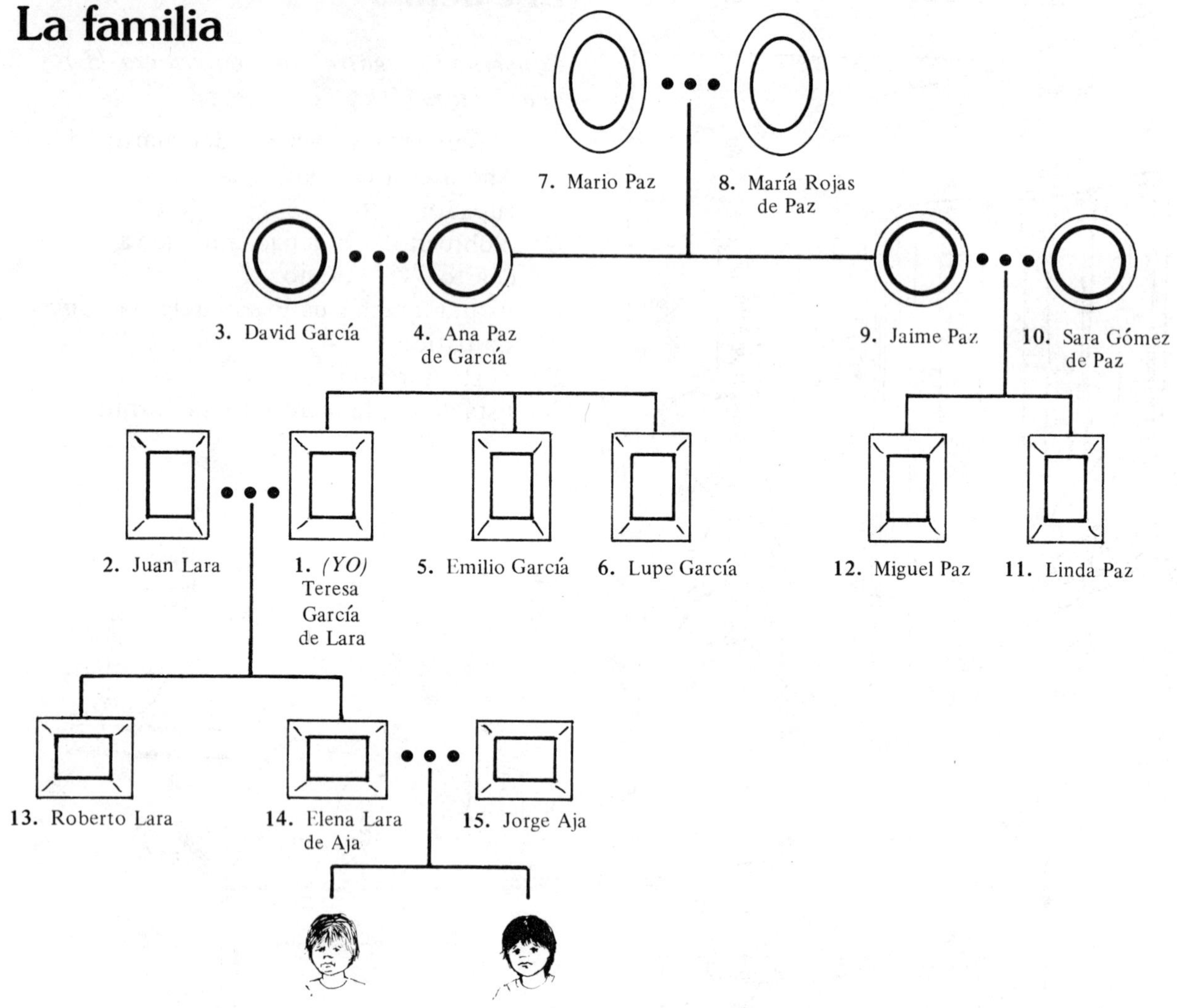

1. *YO* = (esposa de Juan Lara)

2. mi esposo	6. mi hermana	10. mi tía	14. mi hija
3. mi padre	7. mi abuelo	11. mi prima	15. mi yerno
4. mi madre	8. mi abuela	12. mi primo	16. mi nieta
5. mi hermano	9. mi tío	13. mi hijo	17. mi nieto

*Hispanics usually have two surnames (*apellidos*). The first (*primer apellido*) is the father's surname and the second (*segundo apellido*) is the mother's. When a woman marries she retains her first surname and adds *de* + her husband's first surname. Thus in (1) above, Teresa's full maiden name was Teresa García Paz, while her married name is Teresa García de Lara.

VOCABULARIO SUPLEMENTARIO

bisabuela	great-grandmother	*nuera*	daughter-in-law
bisabuelo	great-grandfather	*padrastro*	stepfather
bisnieta	great-granddaughter	*sobrina*	niece
bisnieto	great-grandson	*sobrino*	nephew
cuñada	sister-in-law	*suegra*	mother-in-law
cuñado	brother-in-law	*suegro*	father-in-law
hermanastra	stepsister	*tía abuela*	great-aunt
hermanastro	stepbrother	*tío abuelo*	great-uncle
madrastra	stepmother		

Note: mi padre + mi madre → mis padres
mi hermano + mi hermana → mis hermanos
mi tío + mi tía → mis tíos

VOCABULARIO ESPECIALIZADO

Many words that end in *-tion* or *-sion* in English end in *-ción* or *-sión* in Spanish.

administración	*contaminación*	*inflamación*	*operación*
admisión	*contracepción*	*información*	*recuperación*
aplicación	*convulsión*	*inmunización*	*respiración*
atención	*decisión*	*inyección*	*resucitación*
autorización	*depresión*	*irritación*	*secreción*
circulación	*descripción*	*menstruación*	*situación*
coagulación	*exploración*	*nutrición*	*solución*
comunicación	*formación*	*obstrucción*	*transfusión*
condición	*incisión*	*ocupación*	*visión*

Exceptions: *digestión, indigestión, sugestión*

OBSERVACIÓN

Descriptive adjectives can be very important to health-care professionals in determining the condition, well-being, and treatment of those they serve. You may find that some of the following are particularly useful to you.

Estatura	*Height*	*Peso*	*Weight*
alto/a	tall	*delgado/a*	thin
bajo/a	short	*flaco/a*	very thin
mediano/a	average	*gordo/a*	fat

Aspecto	*Appearance*	*Edad*	*Age*
bonito/a	pretty	*joven*	young
feo/a	ugly	*anciano/a*	old
hermoso/a	beautiful		

(continued)

Personalidad	Personality	Estado actual	Present state
alegre	cheerful	*alerta*	alert
antipático/a	unpleasant	*animado/a*	excited, lively
antisocial	antisocial	*atento/a*	attentive
brusco/a	abrupt, brusque	*cansado/a*	tired
encantador (a)	delightful	*cómodo/a*	comfortable
extrovertido/a	extroverted	*contento/a*	happy
gracioso/a	amusing, graceful	*débil*	weak
introvertido/a	introverted	*deprimido/a*	depressed
irritable	irritable, cranky	*desanimado/a*	discouraged
nervioso/a	nervous	*descontento/a*	unhappy
perezoso/a	lazy	*despierto/a*	awake
reservado/a	reserved	*dormido/a*	asleep
simpático/a	pleasant	*enfadado/a*	angry
sociable	sociable	*enfermo/a*	sick
tímido/a	shy	*flojo/a*	weak
trabajador (a)	industrious	*incómodo/a*	uncomfortable
tranquilo/a	calm	*lúcido/a*	lucid
triste	sad	*preocupado/a*	worried

LA LENGUA

1. The Imperative

To give a command using *usted* (formal) when the verb ends in *-ar*, drop the *o* from the first person singular of the present tense and add *e*.

Examples

Yo trabajo mucho.	I work hard.
Trabaje (usted) mucho.	Work hard.

2. Possession

To show possession in Spanish, use *de* before a person's name (proper noun), *del* before a masculine singular noun, and *de la* before a feminine singular noun.

Examples

Teresa es la esposa **de** Juan.	Teresa is John's wife.
El cepillo es **del** señor.	It's the man's hairbrush.
Es el termómetro **de la** enfermera.	It's the nurse's thermometer.

To ask the question "Whose . . . ?", use *¿De quién es . . . ?*

Examples

¿De quién es la toalla?	Whose towel is it?
Es **del** paciente.	It's the patient's.

3. Indefinite Articles

The forms of the indefinite article (a, an) in Spanish are *un* (masc.) and *una* (fem.).

Examples

un ojo   (an eye)   **una** pierna   (a leg)

4. Position of Adjectives

(a) *Possessive adjectives* in Spanish are placed before the noun to which they refer.

Examples

Mi padre es médico.	My father is a doctor.
Tu mamá es muy simpática.	Your mom is very nice.
Su niño se siente mejor hoy.	Your/his/her/their child feels better today.
Nuestro médico es Juan Castro.	Our doctor is Juan Castro.
Nuestra madre es paciente en ese hospital.	Our mother is a patient at that hospital.

(b) *Descriptive adjectives* usually follow the noun to which they refer.

Examples

Pepe es un muchacho **guapo**.	Pepe is a handsome boy.
Margarita es una muchacha **alta**.	Margarita is a tall girl.

Note that in Spanish most adjectives agree in gender with the nouns they describe. Exceptions are those that end in *e* or a consonant.

Examples

Es un hospital **grande**.	It's a large hospital.
Alicia es una mujer **joven**.	Alicia is a young woman.

5. Formation of Sentences

(a) *Affirmative*

In Spanish the usual word order in an affirmative sentence is subject, verb, complement.

Example

Juan está enfermo.	John is sick.

However, if it is the answer to a question, any new information given usually appears at the end of the sentence.

Ejemplo

¿Quién me llama?	Who's calling me?
Le llama **el doctor Romo**.	Dr. Romo's calling you.

(b) *Negative*

In a negative sentence, *no* is placed before the verb.

Example

Juan no está enfermo.	John isn't sick.

(c) *Interrogative*

In a yes/no question, the order is usually verb, subject, complement; or verb, complement (if short), subject. Interrogation may also be indicated by the tone of voice, without changing the affirmative word order. There are, however, slight differences of emphasis in each case.

Examples

¿Está Juan enfermo?
¿Está enfermo Juan? } Is John sick?
¿Juan está enfermo?

6. Numbers 20-100

| 20 veinte | 22 veintidós | 24 veinticuatro | 26 veintiséis | 28 veintiocho |
| 21 veintiuno | 23 veintitrés | 25 veinticinco | 27 veintisiete | 29 veintinueve |

30 treinta	40 cuarenta	60 sesenta
31 treinta y uno	41 cuarenta y uno	70 setenta
32 treinta y dos	. . .	80 ochenta
. . .	50 cincuenta	90 noventa
39 treinta y nueve	51 cincuenta y uno	100 cien

7. Ser/Estar

(a) The verb *ser* (to be) in the present tense:

(yo) **soy**	I am	(nosotros) **somos**	we are
(tú) **eres**	you are		
(usted) ⎫	you are	(ustedes) ⎫	you ⎫
(él) ⎬ **es**	he ⎫	(ellos) ⎬ **son**	they (m.) ⎬ are
(ella) ⎭	she ⎬ is	(ellas) ⎭	they (f.) ⎭
	she ⎭		

As already seen in Lesson 1, the verb *ser* is used to define or classify.

Example

Es un muchacho joven, alto y guapo.   He is a young, tall, and handsome boy.

(b) The verb *estar* (to be) in the present tense:

(yo) **estoy**	I am	(nosotros) **estamos**	we are
(tú) **estás**	you are		
(usted) ⎫	you are	(ustedes) ⎫	you ⎫
(él) ⎬ **está**	he ⎫	(ellos) ⎬ **están**	they (m.) ⎬ are
(ella) ⎭	she ⎬ is	(ellas) ⎭	they (f.) ⎭

The verb *estar* (to be) is used to report observations that are valid at a particular time as well as to indicate location.

Examples

Pepe **está** cansado, triste y muy preocupado.   Pepe is tired, sad, and very worried.

El doctor Jiménez **está** en la sala de operaciones.   Doctor Jiménez is in the operating room.

Los días de la semana

domingo	lunes	martes	miércoles	jueves	viernes	sábado
1	2	3	4	5	6	7

Note: el lunes = Monday, on Monday
los lunes = Mondays, on Mondays

Los meses del año

ENERO

D	L	M	M	J	V	S
					1	2
3	4	5	6	7	8	9
10	11	12	13	14	15	16
17	18	19	20	21	22	23
24/31	25	26	27	28	29	30

FEBRERO

D	L	M	M	J	V	S
	1	2	3	4	5	6
7	8	9	10	11	12	13
14	15	16	17	18	19	20
21	22	23	24	25	26	27
28						

MARZO

D	L	M	M	J	V	S
	1	2	3	4	5	6
7	8	9	10	11	12	13
14	15	16	17	18	19	20
21	22	23	24	25	26	27
28	29	30	31			

ABRIL

D	L	M	M	J	V	S
				1	2	3
4	5	6	7	8	9	10
11	12	13	14	15	16	17
18	19	20	21	22	23	24
25	26	27	28	29	30	

MAYO

D	L	M	M	J	V	S
						1
2	3	4	5	6	7	8
9	10	11	12	13	14	15
16	17	18	19	20	21	22
23/30	24/31	25	26	27	28	29

JUNIO

D	L	M	M	J	V	S
		1	2	3	4	5
6	7	8	9	10	11	12
13	14	15	16	17	18	19
20	21	22	23	24	25	26
27	28	29	30			

JULIO

D	L	M	M	J	V	S
				1	2	3
4	5	6	7	8	9	10
11	12	13	14	15	16	17
18	19	20	21	22	23	24
25	26	27	28	29	30	31

AGOSTO

D	L	M	M	J	V	S
	1	2	3	4	5	6	7
8	9	10	11	12	13	14
15	16	17	18	19	20	21
22	23	24	25	26	27	28
29	30	31				

SEPTIEMBRE

D	L	M	M	J	V	S
				1	2	3	4
5	6	7	8	9	10	11
12	13	14	15	16	17	18
19	20	21	22	23	24	25
26	27	28	29	30		

OCTUBRE

D	L	M	M	J	V	S
					1	2
3	4	5	6	7	8	9
10	11	12	13	14	15	16
17	18	19	20	21	22	23
24/31	25	26	27	28	29	30

NOVIEMBRE

D	L	M	M	J	V	S
	1	2	3	4	5	6
7	8	9	10	11	12	13
14	15	16	17	18	19	20
21	22	23	24	25	26	27
28	29	30				

DICIEMBRE

D	L	M	M	J	V	S
			1	2	3	4
5	6	7	8	9	10	11
12	13	14	15	16	17	18
19	20	21	22	23	24	25
26	27	28	29	30	31	

EJERCICIOS

A. Change these statements to commands. Follow the model.

Model: La enfermera consulta con la doctora.
Consulte usted con la doctora.

1. El paciente habla con el cirujano.
2. La señora Rojas entra en el laboratorio.
3. El señor Pinto toma su medicina.
4. Juan trabaja mucho.
5. El doctor pasa al despacho (= *office*).

B. Introduce the following people to a person you do not know well. Follow the model.

Model: Quiero presentarle a mi esposo, Federico Casal.

2. Antonio Santos
(doctor)

1. la señora Gamboa
(amiga)

3. Felipe Martínez
(padre)

5. Javier
(hermano)

4. la señorita Valdez
(enfermera)

6. Paco
(amigo)

C. Introduce one of your classmates to another. They will respond politely. Repeat, letting one of your partners handle the introduction.

Model: *(1):* Señor Vásquez, quiero presentarle a mi amiga, Margarita González.
(2): Mucho gusto, señorita.
(3): El gusto es mío, señor Vásquez.

Other expressions you may want to use are:
- Encantado.   - Mucho gusto.
○ Encantada.   ○ Mucho gusto.

- Encantado.
○ Igualmente.

D. Work with a partner. You will ask to whom each object belongs and your partner will answer.

Model:
- ¿De quién es la medicina?
○ Es del señor Montero.

el reloj

la bata

el libro

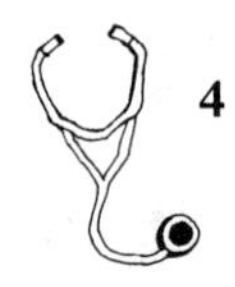

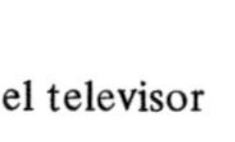

el estetoscopio

el televisor

1. la señora Méndez   3. Rodrigo
2. Florencia   4. el doctor Vila
5. el hospital

E. Fill in the blanks with the adjectives given in parentheses.

1. . . . . madre es . . . . mujer . . . .
(simpática, mi, una)
2. . . . . hermano es . . . . técnico
. . . . (un, su, excelente)
3. . . . . doctora Machado es . . . . amiga.
(mi, la)
4. . . . . cirujano es amigo de . . . . señora
Morelos. (su, la)
5. . . . . hijo es muy . . . . , pero ahora
está . . . . (cansado, su, simpático)

F. Add the correct ending (*o, a* or *e*) to the adjectives in the following sentences.

1. La paciente está enferm___.
2. El señor está cómod___.
3. Es una persona muy antipátic___.
4. No es un técnico competent___.
5. Estoy cansad___.

6. Es una mujer gord____.
7. Es un joven muy guap____.
8. No es una muchacha fe____.
9. La doctora es muy delgad____.
10. Es un señor muy nervios____.

G. Write a question and an answer about each of the following illustrations.

Model 1:
− ¿Cómo es Juan?
○ Es un muchacho inteligente.

1. Pablo

2. El doctor

3. El señor Márquez

4. La señora Aja

5. Pepe

6. La señorita Díaz

7. Margarita

8. La señora Reyes

Model 2:
− ¿Cómo está Rafael?
○ Está bien.

1. José

2. Carmen

3. El señor Arias

4. La doctora

5. Joaquín

6. La señora Fuentes

7. El paciente

8. La enfermera

H. Fill in the blanks with the correct form of *ser* or *estar*.

1. El señor Peña . . . . gordo.
2. La doctora Pérez . . . . preocupada.
3. Mi abuela . . . . vieja.
4. El paciente del doctor Ramírez no . . . .
muy contento.
5. ¿. . . . . . . nerviosa la señora Ramos? .
6. El hijo de la señora Talavera . . . . delgado.
7. (Yo) . . . . muy cansado hoy.
8. (Yo) . . . . alto/a. Pepe . . . . bajo.
9. Margarita . . . . todavía enferma, pero yo
. . . . mejor.

I. Los números
Do the following exercises aloud. Follow the model.

Model: 3 1
Tres más uno son cuatro.
Tres menos uno son dos.

1. 90 10   **5.** 36 14
2. 85 7   **6.** 48 23
3. 60 9   **7.** 15 15
4. 52 11   **8.** 76 9

J. Las fechas

Choose a partner and study the model. Alternating roles, ask for information concerning the dates circled on the calendars below.

Model: — ¿Qué día es hoy?
    ○ Hoy es miércoles.
    — ¿Y qué fecha es hoy?
    ○ Es el seis de enero.

ENERO

D	L	M	M	J	V	S
					1	2
3	4	5	(6)	7	8	9
10	11	12	13	14	15	16
17	18	19	20	21	22	23
24/31	25	26	27	28	29	30

1 

ABRIL

D	L	M	M	J	V	S
			(1)	2	3	
4	5	6	7	8	9	10
11	12	13	14	15	16	17
18	19	20	21	22	23	24
25	26	27	28	29	30	

2 

MAYO

D	L	M	M	J	V	S
						1
2	3	4	5	6	7	8
9	10	11	12	13	(14)	15
16	17	18	19	20	21	22
23/30	24/31	25	26	27	28	29

3

SEPTIEMBRE

D	L	M	M	J	V	S
			1	2	3	4
5	6	7	8	9	10	11
12	13	14	15	16	17	18
19	20	21	22	23	24	25
26	(27)	28	29	30		

4

DICIEMBRE

D	L	M	M	J	V	S
			1	2	3	4
5	6	7	8	9	10	11
12	13	14	15	16	17	18
(19)	20	21	22	23	24	25
26	27	28	29	30	31	

K. Put the following words in the correct order to form a sentence.

1. tres, cumpleaños (= *birthday*), es, de, mi, julio, el
2. hermano, la, hijo, señora, de, Morelos, el, mi, no, con, habla
3. operación, es, veinticinco, mi, de, marzo, el
4. muy, Granados, no, señor, es, el, gordo

L. Responda

Answer the following questions.

1. ¿Qué día es hoy?
2. ¿Qué fecha es hoy?
3. ¿Cómo se llama su padre?
4. ¿Cómo se llama usted?
5. ¿Cómo se llama su doctor?
6. ¿Está usted dormido/a ahora?
7. ¿Cuál es su profesión?
8. ¿Dónde trabaja usted?
9. ¿Cómo son sus hermanos?
10. ¿En qué fecha es su cumpleaños?
11. En su familia, ¿quién(es) toma(n) medicina?

Diversión

Tell us about yourself by filling in the blanks.

Me llamo ___________________________.

Mi cumpleaños es el _______ de _____________.

Trabajo en _______________________.

Soy _____________________. (profesión)

Soy _________________________________.
    (descripción: alto/bajo, gordo/delgado, etc.)

Hoy, estoy _________________________________.
    (bien/mal, triste/contento, etc.)

Encuesta: Indique sus preferencias.

In the following survey, indicate your preferences by numbering the items: 1, 2, 3, etc.,
in decreasing order of importance.

Es importante ser   ___ guapo/a.
(It's important to be)   ___ alto/a.
    ___ rico/a (*rich*).
    ___ simpático/a.
    ___ fuerte (*strong*).
    ___ delgado/a.

Me gusta ser   ___ independiente.
(I like to be)   ___ famoso/a.
    ___ religioso/a.
    ___ generoso/a.
    ___ importante.
    ___ competente.

Responda

Choose the answer that suits you best.

Ahora no estoy   ___ triste.
    ___ contento/a.
    ___ cómodo/a.

Ahora estoy   ___ despierto/a.
    ___ preocupado/a.
    ___ cansado/a.

¿Qué pasa?

Prepare un diálogo o una descripción.

VOCABULARIO

SUSTANTIVOS
la conversación conversation
el día day
el/la enfermo/a sick person
la fecha date
la madre mother
el/la muchacho/a boy/girl
la operación operation

PRONOMBRES
¿qué . . . ? what . . . ?

ADJETIVOS
acostado/a in bed
cansado/a tired
delgado/a thin
dormido/a asleep
joven young
nuevo/a new
preocupado/a worried
simpático/a nice, pleasant
triste sad

mi my
su his/her/your (*form.*)/their

VERBOS
pase (*pasar*) come in, enter
presentarle (*presentar*) to introduce you
quiero (*querer*) I want

ADVERBIOS
mañana tomorrow
miércoles Wednesday
pronto soon

EXPRESIONES
cómo es what's she like?
con permiso excuse me; may I come in?
mucho gusto it's a pleasure (to meet you)
el gusto es mío the pleasure is mine
¡pobrecito! poor thing!
que le vaya bien hope things go well for you
que se mejore pronto get well soon

OTROS
a to
de of
entre between
quince fifteen(th)
septiembre September

CAPÍTULO 3

La oficina de recepción

A la entrada del hospital

El señor Piñero entra en el hospital. Busca la oficina de recepción. (El señor Piñero (P); la enfermera (E); la recepcionista (R).)

P: Por favor, ¿dónde está la oficina de recepción?

E: Está allí a la derecha, junto a la farmacia.

P: Muchas gracias. *(Va a la oficina de recepción).*

R: Buenos días. ¿En qué puedo servirle?

P: Debo ingresar en el hospital hoy. Necesito una operación de la vesícula.

R: Muy bien, señor. Siéntese, por favor.

¿Desea usted un cuarto privado?

La recepcionista (R) y el señor Ballesteros (B).

R: ¿Quién es su médico?

B: La doctora Bárbara Domínguez.

R: Muy bien, señor. ¿Desea usted un cuarto privado o un cuarto doble?

B: Deseo un cuarto doble, por favor.

R: ¿Fuma usted?

B: No, no fumo.

R: Excelente. Siéntese allí fuera y espere un momento, por favor.

B: Gracias.

**Note:* Spanish speakers tend to break long numbers into two-digit blocks. Thus in response to the question about his zip code, the patient in the dialog above answers *"nueve, veintiuno, cero tres"* and gives as his telephone number *"dos, noventa y uno, ochenta y seis, catorce"*. In contrast, years are given in the form *"mil novecientos cuarenta y dos"*.

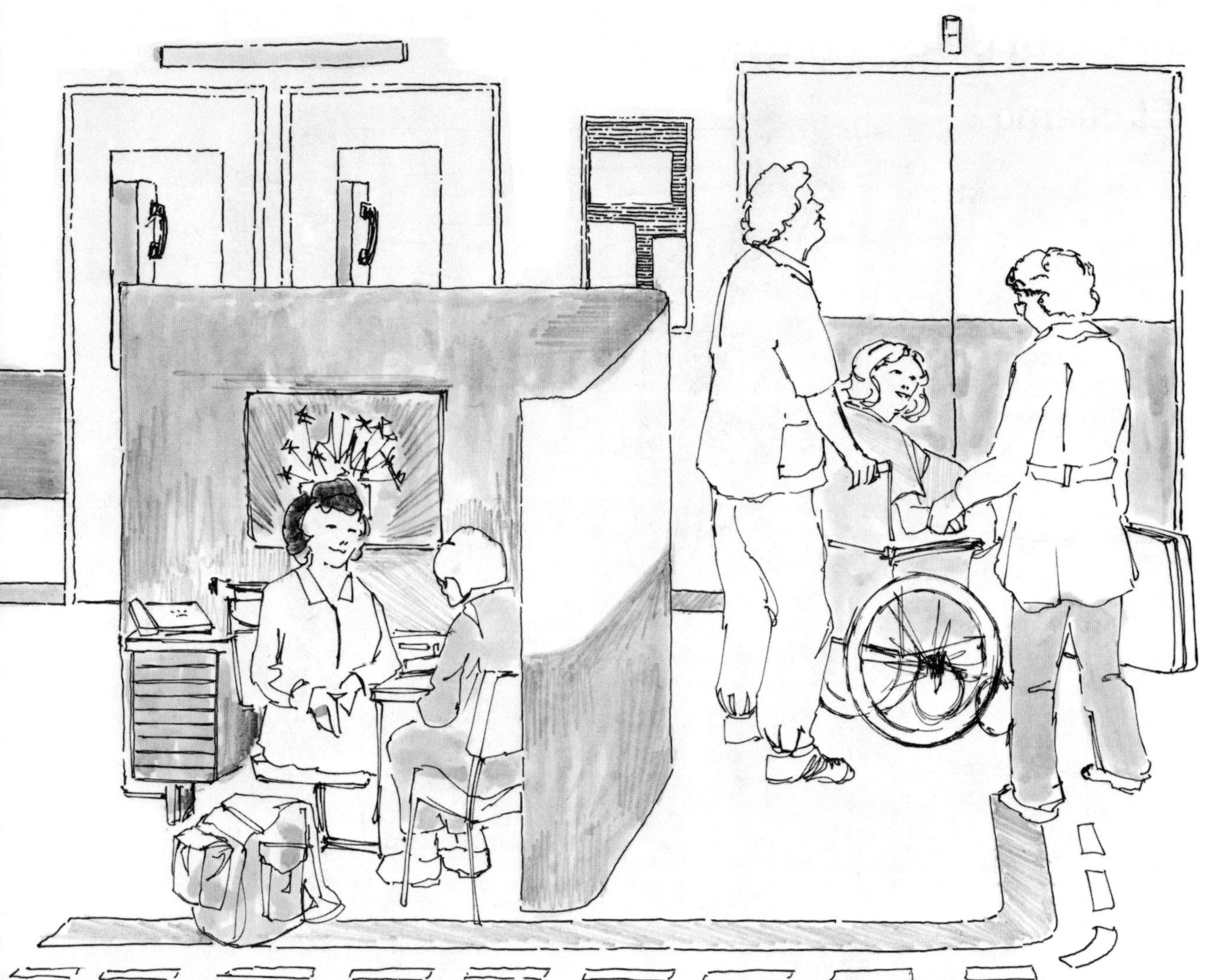

¿Cuál es su dirección?

La recepcionista (R) y el señor Penagos (P).

R: ¿Cómo se llama usted?
P: Me llamo Ángel Penagos.
R: ¿Cuál es su dirección?
P: Calle San Marcos, número 1630.
R: ¿Ciudad, estado y zona postal?
P: San Diego, California, 9-21-03*.
R: ¿Cuál es su número de teléfono?
P: Es el 2-91-86-14*.
R: ¿Cuál es su estado civil?
P: Soy divorciado.
R: ¿Cuál es su fecha de nacimiento?
P: Es el 6 de agosto de 1942*.

PREGUNTAS

1. ¿Dónde está el señor Piñero?
2. ¿Dónde está la oficina de recepción?
3. ¿Qué necesita el señor Piñero?
4. ¿Cómo se llama el médico del señor Ballesteros?
5. ¿Desea el señor Ballesteros un cuarto doble o un cuarto privado?
6. ¿Fuma el señor Ballesteros?
7. ¿Fuma usted?
8. ¿Cuál es la dirección del señor Penagos?
9. ¿Cuál es su número de teléfono?
10. ¿Cuál es su estado civil?
11. ¿Es usted casado/a, soltero/a o divorciado/a?

VOCABULARIO VISUAL

El cuerpo

Los órganos del cuerpo

El cerebro

El corazon, los pulmones
y el sistema circulatorio

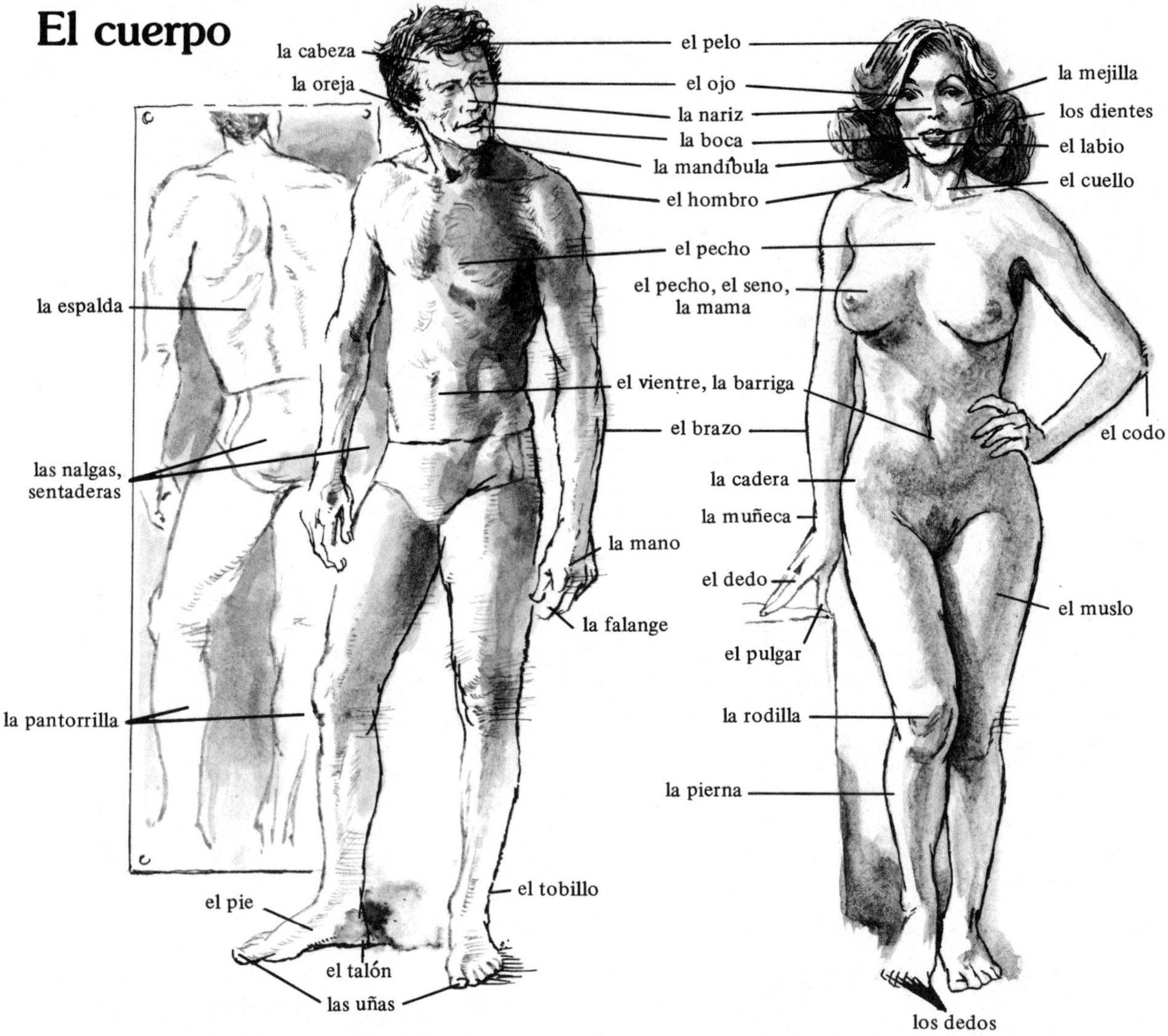

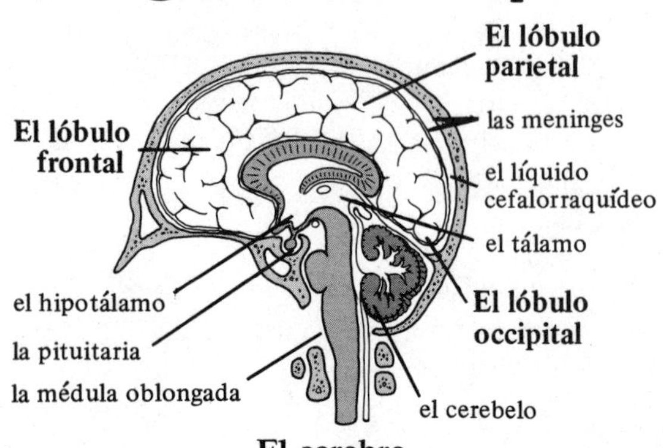

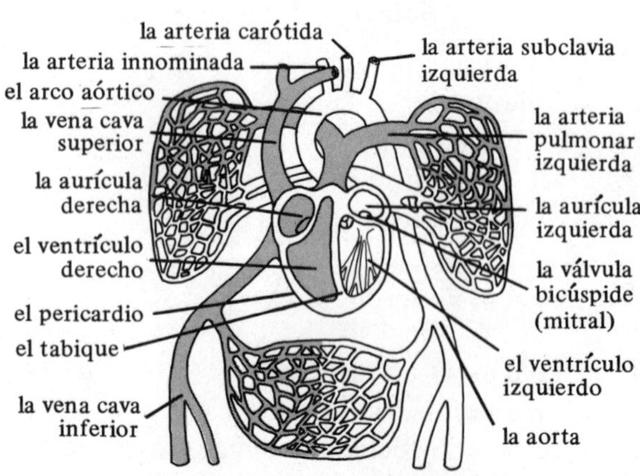

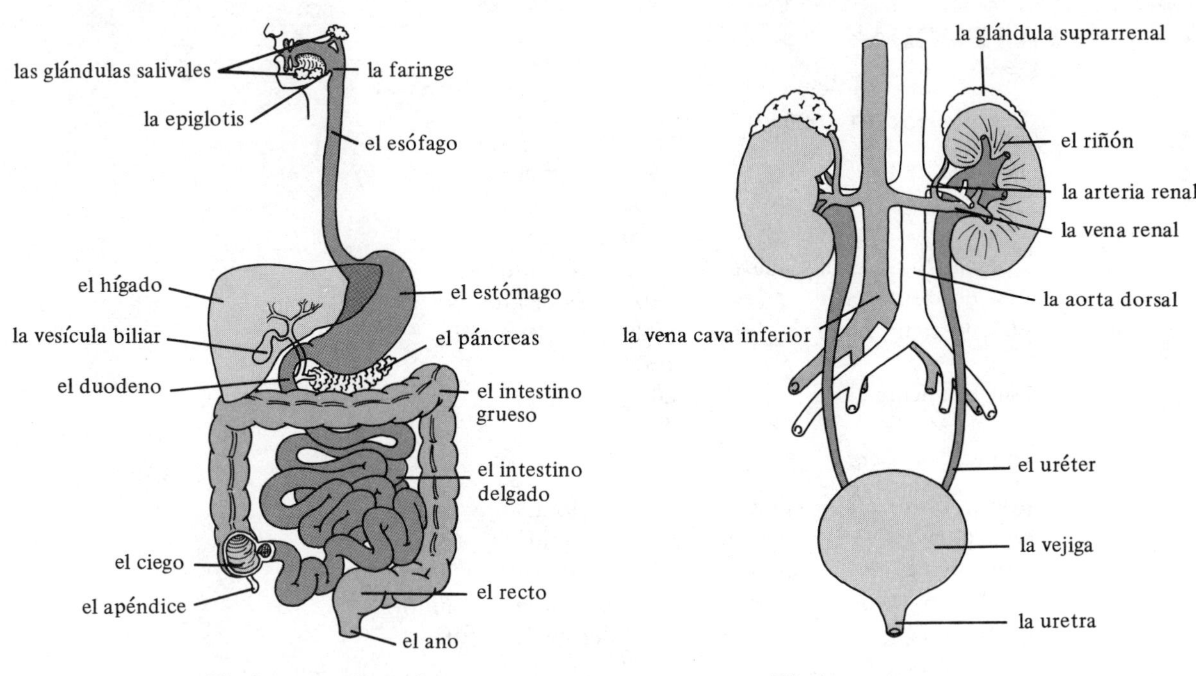

El sistema digestivo   **El sistema excretor**

Los sentidos

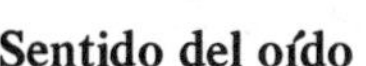

Sentido del oído   **Sentido del olfato**   **Sentido del gusto**   **Sentido de la vista**   **Sentido del tacto**

OBSERVACIÓN

Many of the words that end in *-ble* in English have similar or identical counterparts (cognates) in Spanish.

aceptable	*flexible*	*inmovible*	*probable*
comunicable	*imposible*	*irritable*	*responsable*
estable	*improbable*	*posible*	*terrible*

Many words ending in *-ent* in English end either in *-ento* or *-iento* in Spanish.

apartamento	*elemento*	*incremento*	*movimiento*
condimento	*excremento*	*instrumento*	*suplemento*
departamento	*experimento*	*ligamento*	*temperamento*
documento	*impedimento*	*momento*	*ungüento*

LA LENGUA

1. Los números 101-2000

101	ciento uno	**400**	cuatrocientos/as
102	ciento dos	**500**	quinientos/as
	. . .	**600**	seiscientos/as
199	ciento noventa y nueve	**700**	setecientos/as
200	doscientos/as	**800**	ochocientos/as
201	doscientos uno	**900**	novecientos/as
	. . .	**1000**	mil
300	trescientos/as	**2000**	dos mil

2. Ordinal Numbers

primer, primero/a	first	**sexto/a**	sixth
segundo/a	second	**séptimo/a**	seventh
tercer, tercero/a	third	**octavo/a**	eighth
cuarto/a	fourth	**noveno/a**	ninth
quinto/a	fifth	**décimo/a**	tenth

3. ¿Dónde está?

As mentioned in Chapter 2, the verb *estar* (to be) is used to indicate location, as in the phrase *¿Dónde está?*

Examples

¿Dónde **está** el bacín?	Where's the bedpan?
Está debajo de la cama.	It's under the bed.
¿Dónde **está** usted?	Where are you?
Estoy al lado de la puerta.	I'm next to the door.

4. Interrogatives

(a) *¿Qué? / ¿Cuál?*

Both of these words correspond to the English "what". In general, use *¿qué?* when asking for a definition or other information that requires a predetermined response.

Examples

¿**Qué** día es hoy?	What day is today?
¿**Qué** desea usted?	What would you like?
¿**Qué** le pasa?	What's wrong (with you)?

Use *¿cuál?* when your question requires choice or selection by the person answering you.

Examples

¿**Cuál** es su dirección?	What's your address?
¿**Cuál** es su número de teléfono?	What's your telephone number?
¿**Cuál** es su bata?	Which is your robe?

(b) *Other Interrogatives*

Many interrogative sentences have the same word order in Spanish as in English.

Examples

¿**Cómo** está usted hoy?	How are you today?
¿**Cuándo** llega el doctor López al hospital?	When does Dr. López arrive at the hospital?
¿**Dónde** está la cafetería?	Where is the cafeteria?
¿**Quién** es su médico?	Who is your doctor?
¿**Por qué** está usted aquí?	Why are you here?

However, notice the word order in the following sentences.

Examples

¿**De dónde** es el doctor Contreras?	*Where* is Dr. Contreras *from*?
¿**A dónde** va usted?	*Where* are you going *(to)*?

Lectura

Los hospitales necesitan mucha información ∘sobre sus pacientes. ∘Además de los ∘datos obvios, como el nombre del paciente, su dirección, su número de teléfono, etc., es necesario ∘averiguar ∘otros ∘detalles ∘tales como dónde trabaja, qué ∘seguro médico ∘tiene, el número de su ∘póliza de seguros y su número de la ∘seguridad social.

También es indispensable ∘saber el nombre de la persona responsable de autorizar el ∘tratamiento del paciente y de ∘pagar las ∘cuentas incurridas por ∘éste, ∘sobre todo ∘si el paciente es ∘menor de edad. ∘Asimismo, es conveniente, para la ∘comodidad del paciente, determinar su religión, si fuma ∘∘o no y si desea un cuarto privado o doble. ∘Otro dato esencial es el nombre del ∘pariente ∘más cercano del paciente.

La recepcionista también debe preguntar si el paciente ingresa ∘por primera vez en el hospital. Las ∘hojas clínicas ∘previas ∘pueden ser importantes para su tratamiento ∘actual.

∘Estos datos afectan mucho al paciente. ∘Aunque ∘parecen triviales, no lo son.

Vocabulario

∘*sobre*	about
∘*además*	besides
∘*datos*	data
∘*averiguar*	to find out
∘*otros*	other
∘*detalles*	details
∘*tales como*	such as
∘*seguro*	insurance
∘*tiene*	he has
∘*póliza de seguros*	insurance policy
∘*seguridad social*	social security
∘*saber*	to know
∘*tratamiento*	treatment
∘*pagar*	to pay
∘*cuentas*	bills
∘*éste*	the latter
∘*sobre todo*	especially
∘*si*	if
∘*menor de edad*	minor, underage
∘*asimismo*	likewise
∘*comodidad*	comfort
∘*o*	or
∘*otro*	(an)other
∘*pariente*	relative
∘*más cercano*	nearest, closest
∘*por primera vez*	for the first time
∘*hojas clínicas*	clinical records
∘*previas*	previous
∘*pueden*	can, may
∘*actual*	present, current
∘*estos*	these
∘*aunque*	although
∘*parecen*	they seem

EJERCICIOS

A. Lea en voz alta
Read the following aloud according to the model.

Modelo: 100 + 50 = 150.
Cien más cincuenta son ciento cincuenta.

1. 400 + 500 = 900
2. 375 + 225 = 600
3. 763 + 101 = 864
4. 2500 + 1098 = 3598
5. 860 − 110 = 750
6. 1980 − 1855 = 125

B. Siga el modelo
Follow the model.

Modelo: señor Lozano—498
− ¿Dónde está el señor Lozano?
○ Está en el cuarto cuatrocientos noventa y ocho.

1. señor Cabrera—576
2. señorita Jiménez—915
3. señora Pinto—709
4. doctor Ruiz—231
5. señora Valdepeña—1022

C. Los números de teléfono
Read the following telephone numbers aloud. (Remember the note on page 24.)

1. 287-5693
2. 563-0796
3. 913-7542
4. 863-5422
5. 469-2173
6. 679-3918

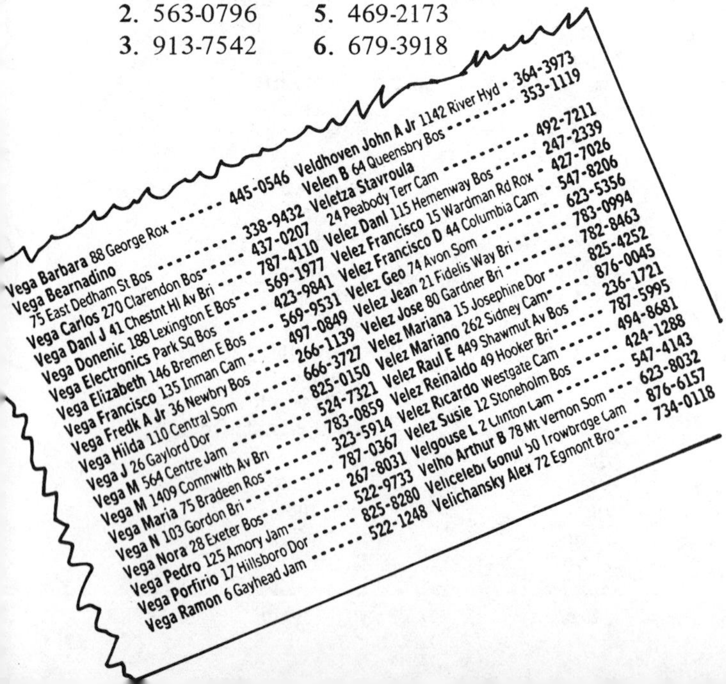

D.
Answer the following questions as if you were being admitted to the hospital. Refer to the dialogues and *Lectura* for vocabulary. Then ask a classmate these questions.

1. ¿Cómo se llama usted?
2. ¿Cuál es su dirección?
3. ¿Cuál es su número de teléfono?
4. ¿Cuál es su estado civil?
5. ¿Cuál es su fecha de nacimiento?
6. ¿Cuál es su religión?
7. ¿Cuál es su compañía de seguros? ¿Y el número de su póliza?
8. ¿Es usted la persona responsable?
9. ¿Cuál es su número de la seguridad social?
10. ¿Cómo se llama su pariente más cercano?
11. ¿Fuma usted?
12. ¿Desea usted un cuarto doble o un cuarto privado?
13. ¿Quién es su médico?
14. ¿Es la primera vez que ingresa en este hospital?

E. Haga una pregunta
Here are the answers. What was the question in each case?

1. Está en mi bolso.
2. Se llama María Sánchez.
3. Es 879 78 5432.
4. Es de mi esposo.
5. No, no soy la responsable.
6. Está allí al fondo.
7. Es la Cruz Azul.
8. No, no fumo.
9. Soy divorciada.
10. Soy católica.
11. Deseo un cuarto doble.
12. Está en el tercer piso.
13. Busco la hoja clínica del señor Ruiz.
14. La señora Galdós espera en la cafetería.
15. El doctor Marcos fuma mucho.

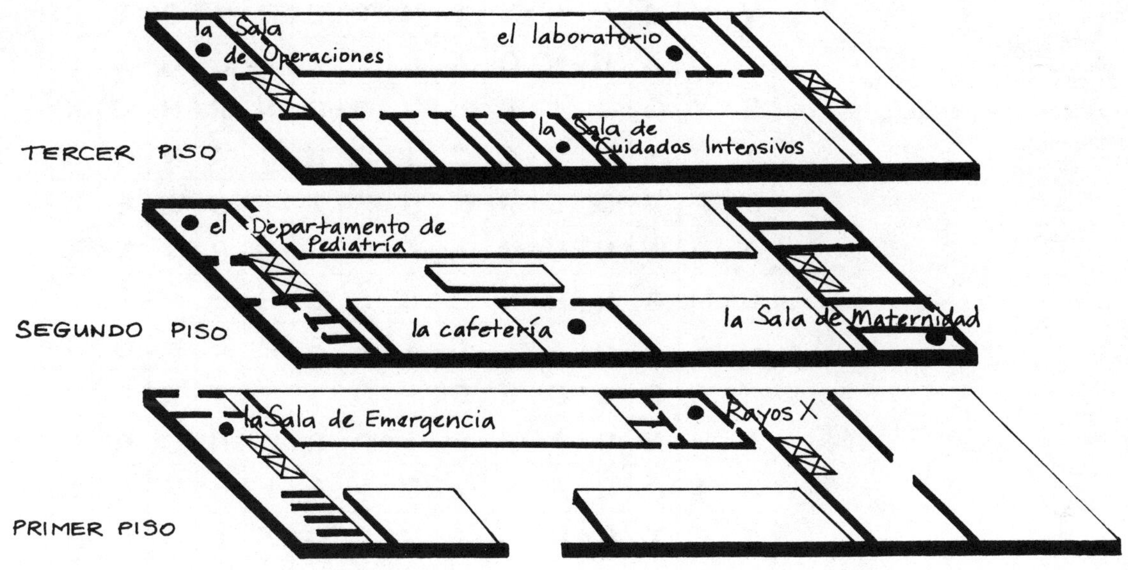

F. Siga el modelo

Modelo: — ¿Dónde está la oficina de recepción?
○ Está en el primer piso.

1. la Sala de Operaciones   **3.** el laboratorio   **5.** la Sala de Emergencia   **7.** la Sala de Cuidados Intensivos

2. Rayos X   **4.** la cafetería   **6.** la Sala de Maternidad   **8.** el Departamento de Pediatría

G. ¿Qué sentido(s) usa usted?
Which sense(s) would you be using in the situations illustrated below?

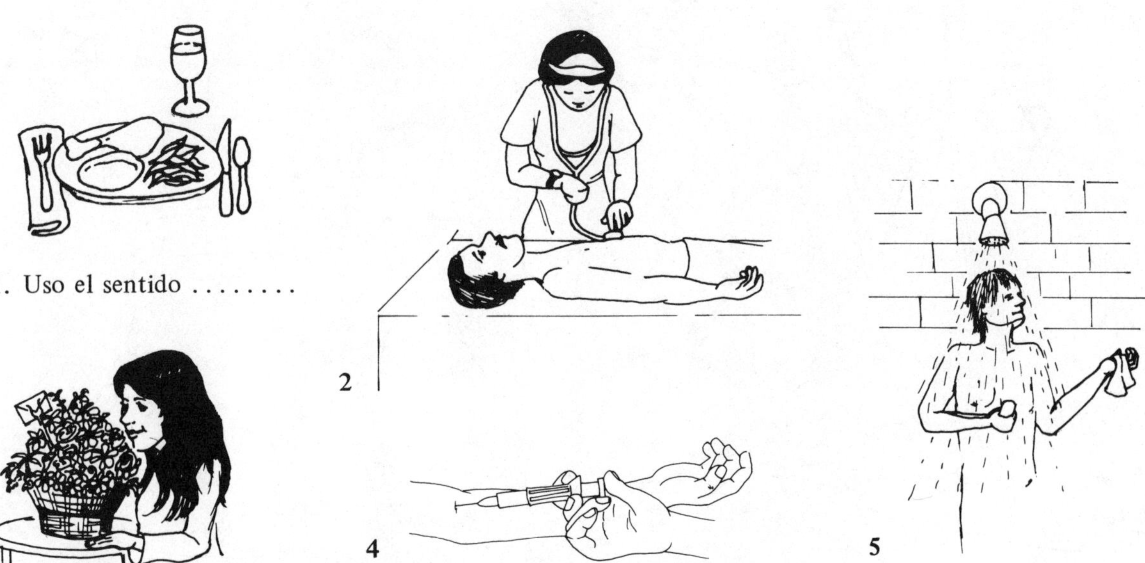

Diversión

Find and circle as many of the
words as you can. Words may
run horizontally, vertically,
or diagonally.

V	H	O	L	A	M	I	N	T	E	R	N	O	T	Z
I	O	W	U	N	O	X	E	Y	F	L	G	G	I	L
S	Y	Q	J	I	B	E	U	Q	Q	N	P	H	O	K
T	N	E	U	R	O	C	I	R	U	J	A	N	O	S
M	P	V	Q	D	R	N	U	R	Z	I	O	W	E	Z
A	D	W	U	U	O	A	K	Q	R	U	P	V	X	T
C	M	A	D	R	E	C	B	E	Z	R	E	M	T	G
O	P	S	H	I	L	D	T	F	B	U	E	N	O	S
H	A	B	L	O	R	E	F	O	J	Y	T	R	F	N
A	R	N	U	X	F	E	I	P	R	W	N	C	R	B
S	I	Q	H	A	K	Y	C	A	L	L	E	U	E	I
T	E	X	C	U	S	T	R	C	G	K	T	D	P	E
A	N	W	U	O	I	P	A	C	I	E	N	T	E	N
G	T	P	S	Q	M	L	U	E	G	O	R	Y	O	X
B	E	G	L	R	T	O	R	H	D	B	N	U	V	I

¿Qué pasa?

Prepare un diálogo o una descripción.

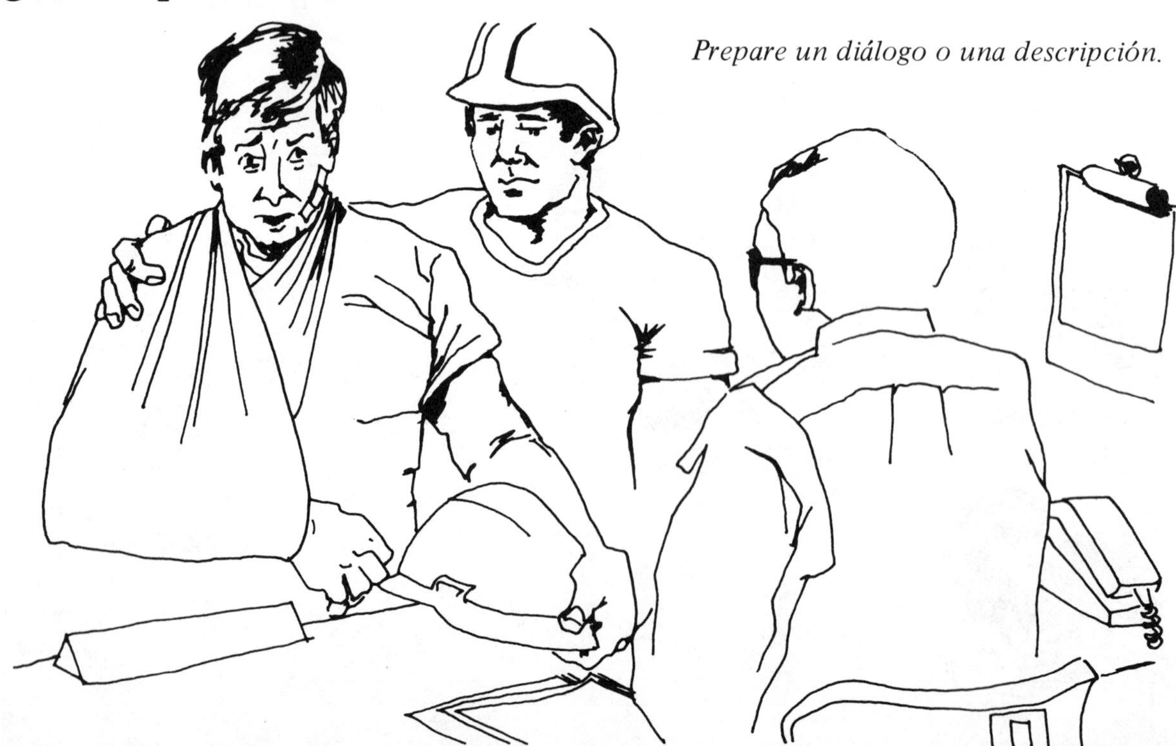

VOCABULARIO

SUSTANTIVOS
la **calle**   street
la **ciudad**   city
la **dirección**   address
la **entrada**   entrance
el **estado**   state
el **estado civil**   marital status
la **farmacia**   pharmacy
la **fecha de nacimiento**   date of birth
el **hospital**   hospital
el **momento**   moment
el **número**   number
la **oficina de recepción**   reception office
la **recepcionista**   receptionist
el **teléfono**   telephone
la **vesícula**   gallbladder
la **zona postal**   zip code

PRONOMBRES
¿**cuál** . . .?   which? , what?

ADJETIVOS
divorciado/a   divorced
doble   double
privado   private

VERBOS
buscar   look for, seek
debo (*deber*)   I must
desear   to want
esperar   to wait
fumar   to smoke
ingresar   to check in
necesitar   to need
siéntese (*sentarse*)   sit down
va (*ir*)   he goes

ADVERBIOS
allí   there
fuera   outside

EXPRESIONES
a la derecha   to the right
¿**en qué puedo servirle?**   how can I help you?
excelente   excellent
muchas gracias   thank you very much
por favor   please

OTROS
junto a   beside

CAPÍTULO 4
Artículos personales

¿Qué desea?

Conversación entre la señorita Jackson (J), enfermera, y la señora Rojas (R), una de sus pacientes.

J: Buenas noches, señora. ¿Cómo se siente usted?

R: Buenas noches, señorita Jackson. Me siento mejor que ayer, gracias.

J: Me alegro. ¿Qué desea?

R: Necesito usar la cuña por favor.

(La señorita Jackson le da la cuña.)

R: Muchas gracias.

J: De nada. Por favor, toque* el timbre al terminar.

¿Desea algo más?

Varias horas después, la señora Rojas (R) toca de nuevo el timbre. Responde la señorita Jackson (J).

J: ¿Desea algo más?

R: Sí, baje el pie de la cama, por favor.

J: Con mucho gusto.

(La enfermera levanta el pie de la cama.)

R: ¡No, no! Por favor, *baje* el pie de la cama.

J: ¡Ay!, ¡perdón! Lo siento mucho.

R: No es nada. No se preocupe.

*Note that when a verb ends in *-car* (e. g., *tocar*), the *c* changes to *qu* in the imperative form *(toque)*. Similarly, with verbs that end in *-gar* (e. g., *investigar*), the *g* changes to *gu* in the imperative *(investigue)*.

¿De quién es?

Entra una enfermera (E) en el cuarto de dos pacientes, Diego Sánchez (S) y Federico Peña (P). Dentro hay mucho desorden.

E: ¿De quién es esta bata? *(Señala una bata roja tirada sobre una silla.)*

S: Es del señor Peña, señorita.

E: ¿Y estas zapatillas? ¿Son de usted? *(Señala un par de zapatillas negras detrás de la silla.)*

S: No, señorita. Mis zapatillas están debajo de la cama.

(Entretanto, sale el otro paciente del cuarto de baño. Escucha parte de la conversación.)

P: Esas zapatillas son mías, señorita. Y esa camisa y esos pantalones también son míos. *(Señala una camisa blanca y unos pantalones azules que están sobre su cama.)*

E: Por favor, señores, guarden sus cosas dentro de los armarios. Ahí están más seguras.

PREGUNTAS

1. ¿Con quién habla la señorita Jackson?
2. ¿Qué desea la señora Rojas?
3. ¿Quién toca el timbre varias horas después?
4. ¿Quién responde al timbre?
5. ¿Qué levanta la enfermera?
6. ¿Quién entra en el cuarto de Diego Sánchez y Federico Peña?
7. ¿Qué hay dentro?
8. ¿De quién es la bata?
9. ¿Dónde está la bata?
10. ¿De quién son las zapatillas que están detrás de la silla?
11. ¿Dónde están las zapatillas del señor Sánchez?
12. ¿Quién sale del baño?
13. ¿Qué escucha?
14. ¿Dónde están la camisa y los pantalones?
15. ¿De quién son?

VOCABULARIO VISUAL

El cuarto

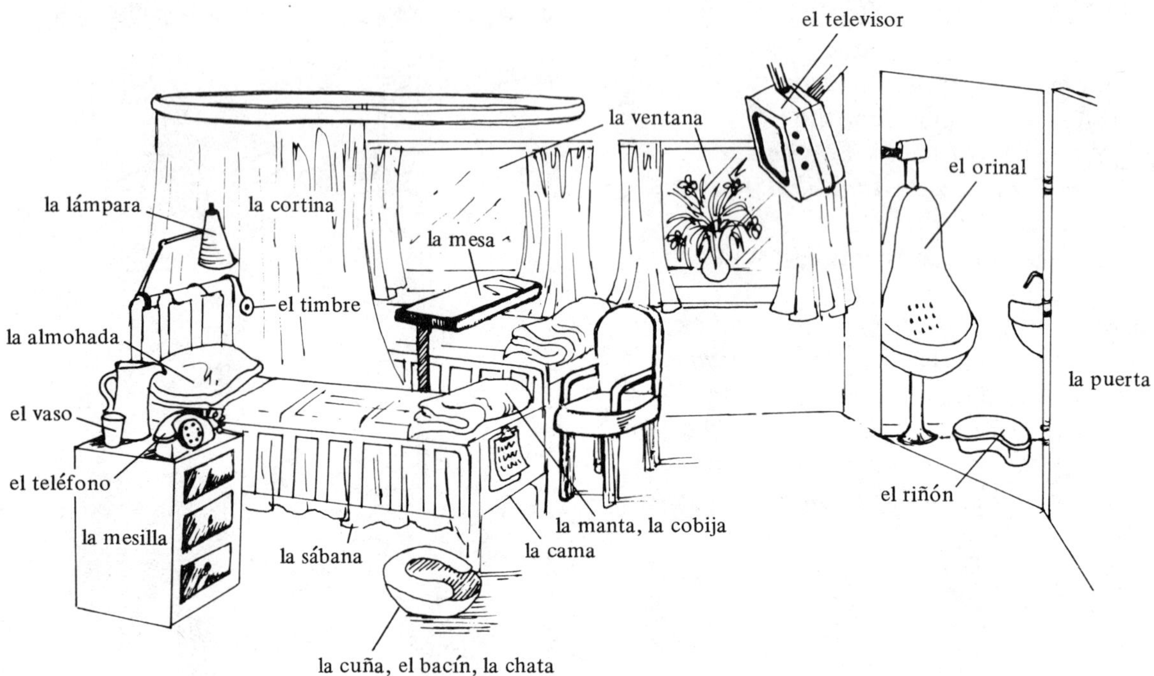

El cuarto de baño

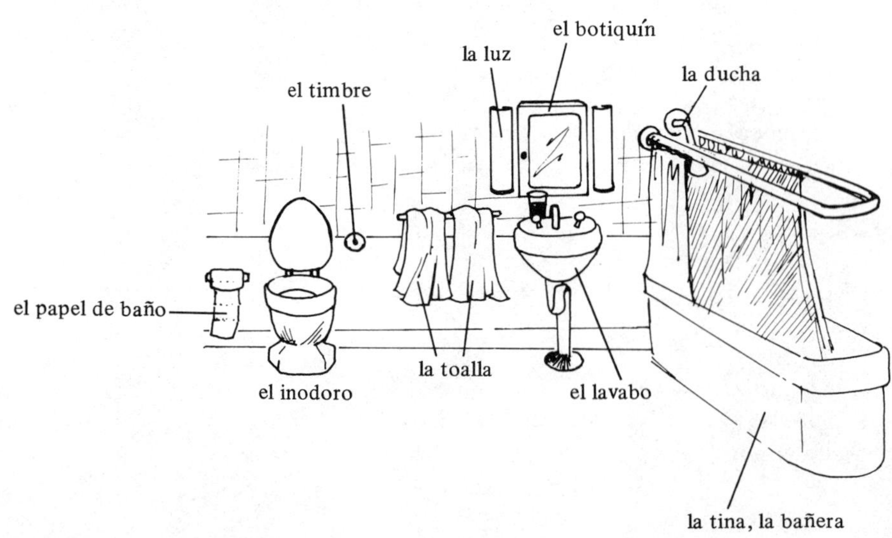

La ropa

VOCABULARIO ESPECIALIZADO

el audífono	hearing aid	*las muletas*	crutches
el bastón	cane	*la peluca*	wig
la crema de afeitar	shaving cream	*el puente*	bridge
la dentadura postiza	false teeth	*los pupilentes,*	contact lenses
las hojas de afeitar	razor blades	*los lentes de*	
los lentes, las gafas,	eyeglasses	*contacto*	
los espejuelos		*el tampón*	tampon
la máquina de afeitar	razor	*las compresas,*	sanitary napkins
las medias elásticas	elastic stockings	*las toallas sanitarias*	

VOCABULARIO SUPLEMENTARIO

You may find the following vocabulary useful when trying to explain the location of objects.

a la derecha de	to the right of	*delante de*	in front of
a la izquierda de	to the left of	*dentro de*	inside, within
al fondo	at the end of	*detrás de*	behind
al lado de	beside, next to	*en*	in, on
allí	there	*encima de*	above, on top of
aquí	here	*entre*	between
cerca de	near	*lejos de*	far from
debajo de	under, beneath	*sobre*	on

OBSERVACIÓN

Many Spanish verbs have easily recognizable English counterparts with just a few minor changes.

afirmar	*describir*	*imaginar*	*recomendar*
ajustar	*depender*	*inmunizar*	*reducir*
analizar	*determinar*	*notar*	*relatar*
autorizar	*disolver*	*observar*	*reparar*
causar	*dividir*	*ocurrir*	*resolver*
conservar	*esterilizar*	*ofender*	*retirar*
conversar	*examinar*	*practicar*	*revisar*
curar	*explorar*	*preparar*	*usar*
decidir	*fracturar*	*proceder*	*utilizar*
declarar	*funcionar*	*progresar*	

Many *-ar* verbs correspond to English verbs ending in *-ate*, as seen below.

alienar	*comunicar*	*indicar*	*orinar*
amputar	*concentrar*	*iniciar*	*penetrar*
apreciar	*contaminar*	*inocular*	*recuperar*
circular	*debilitar*	*investigar*	*renovar*
coagular	*eliminar*	*masticar*	*resucitar*
compensar	*evaluar*	*operar*	*separar*

LA LENGUA

1. **Plural of Nouns**
   Most nouns that end in a vowel form their plural by adding *-s*.

   Ejemplos

zapat**o**	zapat**os**	señor**a**	señor**as**
niñ**o**	niñ**os**	bata	batas

   Those nouns that end in a consonant usually add *-es*.

   Ejemplos

pantal**ón**	pantalo**nes**	doctor	doctor**es**

   Nouns ending in *-z* form the plural by changing the *z* to *c* and adding *-es*.

   Ejemplo

vo**z**	vo**ces**

2. **Plural of Articles**
   The plural forms of the definite article are *los* (m.) and *las* (f.).

   Ejemplos

Guarde **los** zapatos en el armario.	Put the shoes in the closet.
Las enfermeras distribuyen **las** pastillas.	The nurses distribute the pills.

The plural forms of the indefinite articles are *unos* (m.) and *unas* (f.).

Ejemplos

Unos médicos mejicanos visitan el hospital hoy.	Some Mexican doctors are visiting the hospital today.
Unas señoras esperan al doctor Ruiz.	Some ladies are waiting for Dr. Ruiz.

3. Plural of Adjectives

In Spanish, adjectives agree with the nouns they modify in gender (masculine or feminine) and in number (singular or plural). In the formation of the plural, adjectives generally follow the same rules given above for nouns.

Ejemplos

El señor Valdés es mejicano.	Mr. Valdés is Mexican.
La señorita Jackson es americana.	Miss Jackson is American.
Las zapatillas rojas son de la señora Ramírez.	The red slippers are Mrs. Ramirez's.
Juan y Miguel son simpáticos.	John and Michael are nice.
Todos los pacientes en esa habitación son jóvenes.	All the patients in that room are young.
Son unos niños muy felices.	They are very happy children.

4. Demonstrative Adjectives

The singular demonstrative adjectives are *este* (m.) and *esta* (f.), meaning "this", and *ese* (m.) and *esa* (f.), meaning "that".

Ejemplos

Este señor es doctor.	This man is a doctor.
Esta señora es psiquiatra.	This lady is a psychiatrist.
Ese señor es endocrinólogo.	That man is an endocrinologist.
Esa señora es fisioterapeuta.	That lady is a physiotherapist.

The plural forms are *estos* (m.) and *estas* (f.), meaning "these", and *esos* (m.) and *esas* (f.), meaning "those".

Ejemplos

Estos zapatos son incómodos.	These shoes are uncomfortable.
Estas zapatillas son de la señora Ruiz.	These slippers are Mrs. Ruiz's.
Esos pantalones son viejos.	Those pants are old.
Esas medias están rotas.	Those stockings are torn.

5. Comparison of Adjectives

To form the comparative degree of most adjectives, use *más que* (more than) and *menos que* (less than).

Ejemplos

El niño está **más** enfermo **que** antes.	The child is sicker than before.
Jaime es **menos** alto **que** Miguel.	Jim is less tall than Mike.

(continued)

The forms for "better than" *(mejor que)* and "worse than" *(peor que)* are irregular.

Ejemplos

Hoy el señor Lozano está **mejor que** ayer.	Today Mr. Lozano is better than yesterday.
Hoy la señora Prada está **peor que** ayer.	Today Mrs. Prada is worse than yesterday.

6. Negative Words

Given below are some of the most common negative words and their positive counterparts. In Spanish, negative words can precede or follow the verb. The verb is preceded by *no* when the negative word follows the verb.

Negative		*Positive*	
nada	nothing	*algo*	something
nadie	nobody, not . . . anybody	*alguien*	somebody, anybody
nunca	never	*siempre*	always
ni . . . ni	neither . . . nor	*o . . . o*	either . . . or
ninguno/a	none	*alguno/a*	some
ningún, ninguna	no, not . . . any	*algún, alguna*	some, any
tampoco	neither, not . . . either	*también*	also

Ejemplos

¿**Siempre** trabajas los sábados?	Do you always work on Saturday?
No, **nunca** trabajo los sábados.	No, I never work on Saturday.
Tampoco trabajo los domingos.	I don't work on Sunday either.
¿Hay **alguien** en la recepción?	Is there anyone in the reception area?
No, **no** hay **nadie**.	No, no one's there.
Quiero hablar **o** con el doctor Sánchez **o** con el doctor Castro.	I want to speak to either Dr. Sanchez or Dr. Castro.
Hoy **no** están **ni** el doctor Sánchez **ni** el doctor Castro.	Today neither Dr. Sanchez nor Dr. Castro is in.
¿Toma usted **alguna** medicina?	Do you take any medicine?
No, **no** tomo **ninguna**.	No, I don't take any.
¿Toma usted **algo** para los nervios?	Do you take anything for (your) nerves?
No, **no** tomo **nada**.	No, I don't take anything.

7. Possessive Pronouns

	Singular	*Plural*	
masculine	mío	míos	} mine
feminine	mía	mías	
masculine	tuyo	tuyos	} yours (familiar)
feminine	tuya	tuyas	
masculine	suyo	suyos	} yours (formal), his, hers, theirs
feminine	suya	suyas	
masculine	nuestro	nuestros	} ours
feminine	nuestra	nuestras	

Possessive pronouns agree in gender and number with the nouns they replace.

Ejemplos

¿Son **suyas** esas camisas?	Are those shirts yours?
Sí, son **mías**.	Yes, they're mine.
¿Es **suya** esa bata amarilla?	Is that yellow robe hers?
Sí, es **suya**.	Yes, it's hers.
¿Es **tuyo** este vestido?	Is this dress yours?
No, no es **mío**. Es **suyo**.	No, it's not mine. It's hers.

8. Preposition + infinitive

Certain prepositions are commonly used with the infinitive form of verbs in Spanish. Among these prepositions are: *al, para, sin, después de, antes de*, and *en vez de*. Notice their use in the following examples.

Ejemplos

El niño llora **al despertarse**.	The child cries upon awaking.
Necesito gafas **para leer**.	I need glasses in order to read.
El señor Hoyos ya camina **sin cojear**.	Mr. Hoyos already walks without limping.
Tome el jarabe **después de comer**.	Take the syrup after eating.
Antes de dormir, tomo dos pastillas.	Before going to sleep I take two pills.
En vez de dormir la siesta, Miguel estudia.	Instead of taking an afternoon nap, Miguel studies.

EJERCICIOS

A. Responda

Suppose that you are the patient in the room illustrated above. Answer the following questions accordingly.

1. ¿Dónde está la puerta del baño?
2. ¿Dónde está el reloj?
3. ¿Dónde está la cama?
4. ¿Dónde está la ventana?
5. ¿Dónde está la mesa?
6. ¿Dónde están las zapatillas?
7. ¿Dónde está el termómetro?
8. ¿Dónde está la silla?
9. ¿Dónde está el televisor?
10. ¿Dónde están las muletas?

B. Compare

Make up sentences using the comparative forms of
the adjectives given below.

Modelo: María es más joven que Ana.

1. enfermo
2. cansada
3. nerviosa
4. simpático
5. alta
6. mejor
7. peor
8. feliz

C. Complete la frase

Complete each sentence with the correct form of
the appropriate verb from the following list.

tomar	*terminar*	*escuchar*
usar	*desear*	*guardar*
entrar	*necesitar*	
levantar	*bajar*	

1. La enfermera ___________ la cabecera
   (= *head*) de la cama.
2. (Yo) ___________ la medicina antes de
   comer.
3. Los pacientes ___________ su ropa en el armario.
4. Dos enfermeras ___________ en el cuarto del
   señor Vega.
5. ___________ el pie de la cama, por favor.
6. Mi compañero de cuarto y yo ___________
   música en la radio.
7. La señora Alvarez ___________ usar el bacín.
8. El señor Pelayo toca el timbre porque
   ___________ hablar con la enfermera.
9. La señorita González ___________ gafas para
   leer.
10. Al ___________ ese programa, apagamos
    (= *turn off*) el televisor.

D. Haga una frase

Unscramble the words and make a sentence in
each case.

1. Mendoza, la, el, desea, señor, radio, escuchar
2. baño, de, Narváez, cuarto, en, señor, el, está, el
3. toallas, máquina, mías, las, pero, la, afeitar, son,
   de, suya, es
4. pie, por, de, baje, cama, el, la, favor
5. de, la, después, medicina, comer, toma, señora,
   su

E. Positivos/negativos

Complete each sentence with an appropriate positive or negative word (*algo*, *nada*, etc.).

1. El señor Galdós no toma ___________ medicina.
2. No trabajo ______ los sábados ______ los
   domingos.
3. ¿Quién está en ese cuarto? No hay ________.
4. ___________ desea hablar con el doctor
   Blanco.
5. ___________ miro ese programa de televisión.
6. La señora Valdés no fuma ___________.
7. ¿Toma usted ___________ medicina?
8. No tomo café nunca. ___________ tomo
   coca cola.
9. ¿Desea usted algo, señora? No, gracias, no
   deseo ___________.
10. ¿Hay ___________ en la sala de espera?

F. Haga una pregunta

Here are the answers. What was the question?

1. Después de comer el niño mira la televisión.

2. Es el señor Delgado.
3. Son de esa paciente.
4. No, no tomo ninguna medicina.
5. Sí, son mías.
6. Estos pantalones son suyos.
7. No fumo nunca.
8. No, no hay nadie.
9. No, ese vestido no es mío.
10. Soy soltero.
11. Soy fisioterapeuta.
12. Me siento peor que ayer.
13. Sus gafas están sobre la mesa.
14. Su novela (= *novel*) está en el cajón.
15. Juan es menos alto que María.

G. Prepare un diálogo con un compañero

Enfermero/a
You come into the room and greet your patient.

Paciente
You respond with a greeting.

You ask how he/she feels.

You reply that you feel better than yesterday.

You trip over a pair of slippers and ask whose they are.

You answer that they aren't yours and add that they belong to . . .

Enfermero/a
You ask where he/she is.

You ask how he/she is feeling today.

You turn to leave and say you will see them later.

Paciente
(your roommate's name).

You state that he/she is in the bathroom.

You answer that he/she is much better than yesterday.

You respond appropriately.

Diversión

A.
1. ¿Quién lleva *(is wearing)* una falda ancha?
2. ¿Quién lleva sombrero, pero no lleva corbata?
3. ¿Quién lleva un pantalón corto?
4. ¿Qué lleva Irma?
5. ¿Quién lleva chaleco?
6. ¿Quién lleva botas?
7. ¿Quién lleva sandalias?
8. ¿Quién lleva lentes?
9. ¿Cómo es el vestido de Irma?
10. ¿Qué lleva usted hoy?

B. Describa lo que lleva un compañero de clase.

C. ¿De qué color es . . . ?
Take a few moments to study what your classmates are wearing. Then take turns asking each other the color of a specific item of clothing worn by a third person (e. g., *¿De qué color es la falda de Anita?*). The person being asked must answer from memory, and will continue to be questioned until he or she gives an incorrect answer and then becomes the questioner.

Los colores

amarillo	yellow	*gris*	gray
azul (marino)	(navy) blue	*morado/a*	purple
color café,	brown	*negro/a*	black
chocolate		*plateado/a*	silver
color naranja	orange	*rojo/a*	red
color vino	burgundy	*rosado/a*	pink
dorado/a	gold	*verde*	green

¿Qué pasa?

Prepare un diálogo o una descripción.

VOCABULARIO

SUSTANTIVOS
el **armario** closet, locker
la **bata** bathrobe
la **cama** bed
la **camisa** shirt
la **cosa** thing
el **cuarto de baño** bathroom
la **cuña** (*also* el **bacín**) bedpan
el **desorden** disorder
la **hora** hour
los **pantalones** pants
el **par** pair
la **parte** part
el **pie** foot
la **silla** chair
el **timbre** bell
las **zapatillas** slippers

PRONOMBRES
mío(s)/mía(s) mine
nuestro(s)/nuestra(s) ours
suyo(s)/suya(s) his/hers/yours/
  theirs
tuyo(s)/tuya(s) yours (*fam.*)

ADJETIVOS
azul blue
blanco/a white
ese, esa, esos, esas that, those
este, esta, estos, estas this, these
más seguro/a safer
mucho/a much, a lot of
negro/a black
otro/a (an)other
rojo/a red
unos/unas some
varios/as several

VERBOS
bajar to lower
le da (*dar*) gives her
escuchar to listen
guardar to put away
hay there is, there are
levantar to raise
responde (*responder*) respond
sale (*salir*) leaves
señalar to indicate, to point to
al terminar upon finishing (i.e.,
  as soon as you finish)
tirado/a (*tirar*) thrown
tocar to ring
usar to use

ADVERBIOS
ahí there
ayer yesterday
dentro in, inside
de nuevo again
después after
entretanto meanwhile
sí yes

EXPRESIONES
algo más something else
con mucho gusto I'll be happy
  to
¿de quién es . . .? whose . . . is
  this/that?
es de X it's X's
lo siento mucho I'm very sorry
me alegro I'm glad; good
no es nada it is nothing
no se preocupe don't worry
  (about it)

OTROS
debajo de under
dentro de inside
detrás de behind
sobre on

CAPÍTULO 5
Comidas y bebidas

El desayuno

La dietista (D) y una paciente (P).

D: Buenos días, señora. ¿Qué desayuna usted normalmente?

P: Poca cosa, una taza de café y pan tostado.

D: ¿No toma usted huevos?

P: Sí, a veces.

D: ¿Cómo le gustan los huevos?

P: Me gustan fritos y con tocino.

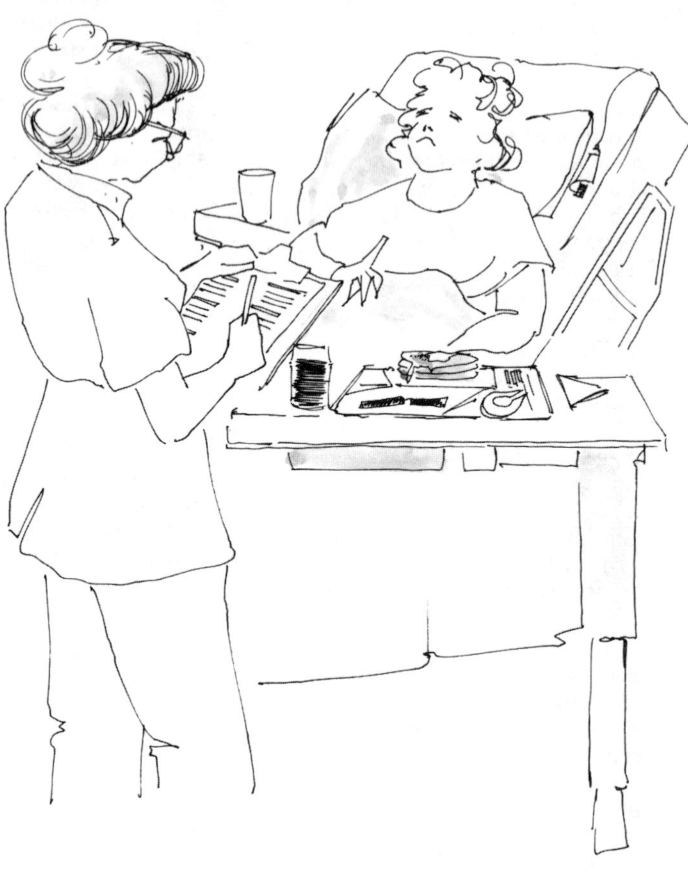

El postre

La señora Tirado (T) y la señora Gamboa (G).

T: ¿Qué te gusta de postre?

G: Me gustan los pasteles, pero hoy voy a comer fruta.

T: A mí me gusta la fruta, pero me gusta más el helado.

G: El helado es buen postre, pero la fruta es mejor porque no engorda.

T: Es verdad. Además, es más sana.

El menú

Conversan dos pacientes, Enrique (E) y Pablo (P), mientras indican sus preferencias en el menú de la semana.

E: Oye, Pablo, ¿qué vas a cenar esta noche?

P: Carne con papas fritas. No me gusta el pescado.

E: A mí tampoco. *(Escribe su nombre y el número de su cuarto en el menú y lo marca.)* Ensalada, sí; verduras, no. Y de postre, flan, por supuesto. *(Escoge varias selecciones más.)*

P: ¿Qué hora es?

E: Son las once y cinco. ¿Por qué lo preguntas?

P: El menú me da hambre, ¡y no comemos hasta las doce menos cuarto!

PREGUNTAS

1. ¿Qué desayuna la paciente normalmente?
2. ¿Come mucho la paciente?
3. ¿Come huevos la paciente?
4. ¿Cómo le gustan a ella los huevos?
5. ¿Qué va a comer la señora Gamboa de postre hoy?
6. ¿A la señora Gamboa le gustan más los pasteles o la fruta?
7. ¿A la señora Tirado le gusta más la fruta o el helado?
8. ¿A usted le gusta más la fruta o el helado?
9. ¿Por qué es buena la fruta?
10. ¿Engorda usted cuando come pasteles y helado?
11. ¿Quienes conversan sobre (= *about*) el menú?
12. ¿Qué indican en el menú?
13. ¿Quién va a cenar carne?
14. ¿Qué va a tomar con la carne?
15. ¿A Pablo le gusta el pescado?
16. ¿A Enrique le gusta el pescado?
17. ¿A usted qué le gusta más, el pescado o la carne?
18. ¿Qué más va a comer Enrique?
19. ¿Qué hora es?
20. ¿A qué hora comen Pablo y Enrique?

VOCABULARIO VISUAL

El desayuno

El almuerzo

La cena

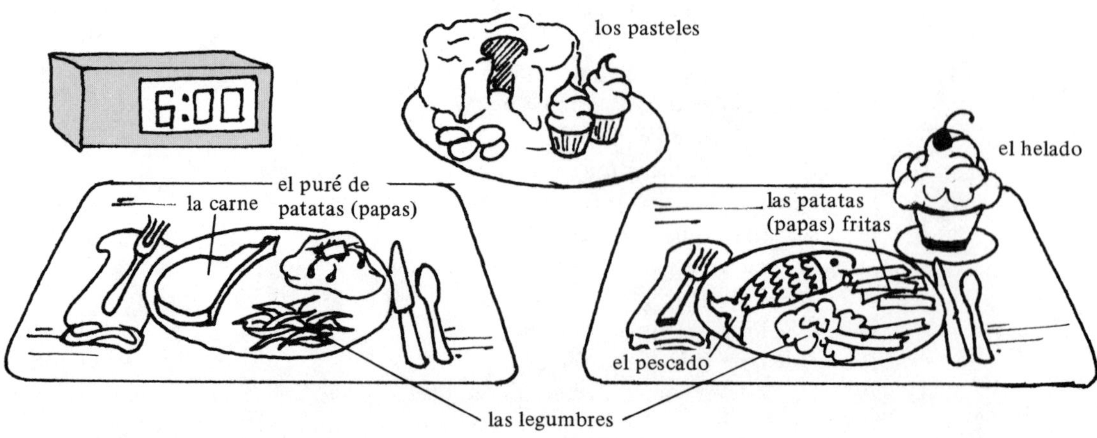

VOCABULARIO SUPLEMENTARIO

Carnes y aves	*Meats and poultry*	*Pescados y mariscos*	*Fish and shellfish*
el bistec	beef, steak	*las almejas*	clams
el cerdo	pork	*el atún*	tuna fish
el cordero	lamb	*el bacalao*	cod
las costillas	ribs	*los camarones,*	shrimp
la chuleta	chop	*las gambas*	
la hamburguesa	hamburger	*la langosta*	lobster
el hígado	liver	*el lenguado*	flounder
el jamón	ham	*la merluza*	hake
el lomo	loin	*los mejillones*	mussels
el pavo	turkey	*el pez espada*	swordfish
el pollo	chicken	*el salmón*	salmon
el rosbif	roast beef	*las sardinas*	sardines
la salchicha	sausage (in general), hot dog		
la ternera	veal		

Legumbres	*Vegetables*	*Frutas*	*Fruits*
la aceituna	olive	*el albaricoque,*	apricot
el aguacate	avocado	*el chabacano*	
el ajo	garlic	*la cereza*	cherry
la alcachofa	artichoke	*la ciruela*	plum
el apio	celery	*el coco*	coconut
la calabaza,	squash	*los dátiles*	dates
la calabacita		*el durazno,*	peach
la cebolla	onion	*el melocotón*	
la col	cabbage	*la frambuesa*	raspberry
la coliflor	cauliflower	*la fresa*	strawberry
el champiñón	mushroom	*la granada*	pomegranate
los chícharos,	peas	*la guayaba*	guava
los guisantes		*el higo*	fig
las espinacas	spinach	*el limón*	lemon
los frijoles	(refried) beans	*la lima*	lime
(refritos)	(kidney)	*el mango*	mango
las habichuelas,	string beans	*la manzana*	apple
las judías		*el melón*	melon
la lechuga	lettuce	*el membrillo*	quince
el maíz	corn	*la naranja*	orange
el pimiento	pepper	*la pera*	pear
el rábano	radish	*la piña*	pineapple
la remolacha	beet	*el plátano*	banana
el tomate	tomato	*el pomelo,*	grapefruit
la zanahoria	carrot	*la toronja*	
		las uvas	grapes

LA LENGUA

1. Present Tense of *-er* and *-ir* Verbs

Verbs ending in -er:

com*er*

(yo) **com***o*	I eat, am eating
(tú) **com***es*	you eat (fam.), are eating
(usted)	you eat (form.), are eating
(él) **com***e*	he eats, is eating
(ella)	she eats, is eating
(nosotros) **com***emos*	we eat, are eating
(ustedes)	you
(ellos) **com***en*	they (m.) eat, are eating
(ellas)	they (f.)

¿Qué **come** usted de postre?	What do you eat for dessert?
Como fruta y queso.	I eat fruit and cheese.
¿A qué hora **comen** ustedes?	What time do you eat?
Comemos a las dos y media de la tarde.	We eat at two thirty in the afternoon.

Verbs ending in -ir:

viv*ir*

(yo) **viv***o*	I live, am living
(tú) **viv***es*	you live (fam.), are living
(usted)	you live (form.), are living
(él) **viv***e*	he lives, is living
(ella)	she lives, is living
(nosotros) **viv***imos*	we live, are living
(ustedes)	you
(ellos) **viv***en*	they (m.) live, are living
(ellas)	they (f.)

¿Dónde **viven** ustedes ahora?	Where do you live now?
Vivimos en la calle Olivar.	We live on Olivar Street.

2. The Imperative of *-er* and *-ir* Verbs

The imperative of *-er* and *-ir* verbs is formed by dropping the *o* from the first person singular in the present tense and then adding *a*.

Ejemplos

Com*a* usted toda la carne, por favor.	Eat all the meat, please.
Escrib*a* en esta ficha su nombre y su dirección, por favor.	Write your name and address on this card, please.

3. Gustar

The verb *gustar* (to please) is used to express likes or dislikes in Spanish. Note, however, that it is used in a structure quite different from the English "I like . . .".

Ejemplos

Me gusta el café.	I like coffee.	(*literally.* Coffee pleases me.)
Me gustan las manzanas.	I like apples.	(*literally:* Apples please me.)

Notice the agreement between subject and verb in the literal translations of the preceding examples. They illustrate the reason for the use of the single and plural verb forms in Spanish. The *indirect object pronouns* are used with the verb *gustar*; they are given in the following examples.

Ejemplos

Me gusta la carne.	I like meat.
¿**Te** gustan los plátanos?	Do you like bananas?
Le gustan los frijoles.	He/she likes beans.
	You (form.) like beans.
Nos gusta este hospital.	We like this hospital.
Les gusta el arroz con pollo.	They like rice with chicken.
	You (pl.) like rice with chicken.

Because *le(s) gusta* and *le(s) gustan* have several meanings, they are often preceded by clarifiers, as in the following:

Ejemplos

A él no le gusta la fruta.	He doesn't like fruit.
¿**A usted** no le gusta el pan?	Don't you like bread?
Al señor García le gustan las peras.	Mr. Garcia likes pears.

The singular form of *gustar* is used when followed by an infinitive.

Ejemplos

Me **gusta escuchar** música.	I like to listen to music.
No me **gusta engordar**.	I don't like to gain weight.

4. **Expressions of Time**

   Notice the use of the verb *ser* in the following examples:

Ejemplos

¿Qué hora **es**?	What time is it?
Es la una.	It's one o'clock.

but

Son las dos (las tres, etc.).	It's two (three, etc.) o'clock.
Son las cinco y diez.	It's ten after five.
Son las siete y cuarto.	It's quarter past seven.
Son las ocho y media.	It's eight thirty.
Son las nueve menos cuarto.	It's quarter of nine.
Son las diez menos veinte.	It's twenty to ten.

Often, these responses are qualified as in the following examples.

Ejemplos

Son las ocho **de la mañana**.	It's eight in the morning.
Es la una y media **de la tarde**.	It's one thirty in the afternoon.
Son las nueve **de la noche**.	It's nine at night.
Son las tres **de la madrugada**.	It's three in the morning.

Note: In many Spanish-speaking countries, *de la tarde* covers the period from noon to approximately eight P. M. The expression *de la madrugada* refers to the period from midnight to about 6 A. M.

Another useful time-related expression is *¿A qué hora es . . . ?*

Ejemplo

¿A qué hora es la operación?	At what time is the operation?
Es a las diez y media.	It's at ten thirty.

5. The Present Tense of *ir* and the Immediate Future

One way of expressing the future in Spanish is to use the verb *ir* (to go) in the structure *ir + a +* infinitive.

ir

(yo) **voy**	I go, am going
(tú) **vas**	you (fam.) go, are going
(usted)	you (form.) go, are going
(él) } **va**	he goes, is going
(ella)	she goes, is going
(nosotros) **vamos**	we go, are going
(ustedes)	you
(ellos) } **van**	they (m.) } go, are going
(ellas)	they (f.)

Ejemplos

Vamos a cenar a las ocho.	We're going to have dinner at eight.
Voy a trabajar el sábado.	I'm going to work on Saturday.
Van a operar mañana.	They're going to operate tomorrow.

Some useful expressions of time are:

hoy	today	*la semana que viene*	next week
mañana	tomorrow		
pasado mañana	the day after tomorrow	*el mes que viene*	next month
esta mañana	this morning	*el año que viene*	next year
esta tarde	this afternoon		
esta noche	tonight		

NUTRICION: EL APETITO DEL HOMBRE*

México

La dieta natural de la ∘mayoría de los mexicanos que ∘habitan en los ∘pueblos rurales es nutricionalmente superior ∘a la de ∘los que habitan en las áreas urbanas. Los ∘alimentos básicos en ∘cada comida ∘aún son las tortillas de maíz, frijoles, arroz, queso, chile, verduras, diversas frutas y un ∘poco de carne.

De las tortillas de maíz ∘se obtiene una abundancia de ∘calcio ∘debido a la ∘piedra de cal usada al ∘moler el maíz y a las ∘cenizas en las cuales el maíz ∘se remoja antes de molerlo. La ∘gente obtiene grandes ∘cantidades de vitamina "D" del ∘sol en ∘casi todo México. Esto permite que sus organismos ∘retengan un máximo de calcio, ∘lo que ∘explica los huesos y dientes fuertes de muchos mexicanos.

∘Hay ∘pruebas de que, cuando ∘se ingieren tortillas de maíz ∘junto con frijoles, ∘se forma una proteína completa equivalente en ∘calidad a la de la carne. Cuando estos alimentos ∘se consumen con chiles ∘crudos, todos los requisitos nutritivos ∘se cumplen.

El café, el chocolate y el ∘pulque son las bebidas que acompañan a la mayoría de las comidas. El potente pulque es el jugo del ∘maguey y la ∘fuente más importante de vitamina "C" en algunas áreas áridas.

Entre los mexicanos que ∘se alimentan sólo de productos naturales hay una incidencia mucho ∘menor de ∘caries que entre los que consumen alimentos modernos. Un ejemplo de esto son los otomíes, que viven en una de las áreas más ∘pobres de México, ∘subsistiendo principalmente de su dieta natural. ∘Alrededor del ∘43% de los adultos y el 80% de los niños ∘poseen ∘dentaduras perfectas. El porcentaje de dentaduras perfectas en los ∘Estados Unidos es de menos del 2%.

---

*Adapted from the exhibit *Nutrición: El apetito del hombre*, prepared by the Klee Wyk Society of the Museum of Man in San Diego under the direction of Mrs. R. DeVore.

Vocabulario

∘mayoría	majority
∘habitan	inhabit
∘los pueblos	towns
∘a la de	to that of
∘los que	those who
∘alimentos	foods
∘cada	each
∘aún	still
∘poco	little
∘se obtiene	is obtained
∘el calcio	calcium
∘debido a	due to
∘la piedra de cal	limestone
∘moler	to grind
∘las cenizas	ashes
∘se remoja	is soaked
∘la gente	people
∘la cantidad	quantity
∘el sol	sun
∘casi	almost
∘retengan	retain
∘lo que	which
∘explica	explains
∘hay	there is, there are
∘la prueba	proof, evidence
∘se ingieren	are eaten, ingested
∘junto	together
∘se forma	is formed
∘la calidad	quality
∘se consumen	are consumed
∘crudos	raw
∘se cumplen	are fulfilled
∘el pulque	fermented maguey juice
∘el maguey	a type of agave plant
∘la fuente	source
∘se alimentan	eat
∘menor	lower, lesser
∘las caries	tooth decay, cavities
∘pobres	poor
∘subsistiendo	subsisting
∘alrededor	around, about
∘el 43% = el cuarenta y tres por ciento	
∘poseen	possess
∘las dentaduras	(sets of) teeth
∘los Estados Unidos	the United States

EJERCICIOS

A. ¿Qué hora es?

Modelo: 1:30 p.m.   Es la una y media de la tarde.

1. 1:15 a.m.
2. 3:30 p.m.
3. 6:45 a.m.
4. 11:40 p.m.

5. 2:25 p.m.
6. 8:35 p.m.
7. 10:05 a.m.
8. 12:00 a.m.

B. Responda

1. ¿A qué hora es la operación?
2. ¿A qué hora cena usted?
3. ¿A qué hora debes tomar la medicina?
4. ¿A qué hora toman ustedes café?
5. ¿A qué hora debo apagar la televisión?
6. ¿A qué hora terminas de trabajar?
7. ¿A qué hora escuchan ustedes las noticias (= *news*) en la radio?
8. ¿A qué hora entra la enfermera nocturna (= *night nurse*) en su cuarto?

C. Cambie al plural

Modelo: El niño come mucha carne.
            Los niños comen mucha carne.

1. La dietista no engorda.
2. Nunca como pasteles.
3. Usted bebe mucho vino.
4. Vivo en el centro de San Diego.
5. A veces tomo cerveza con las comidas.
6. La enfermera no vive cerca de aquí.

D. Complete las frases

Use the correct form of the verb given in parentheses to complete each sentence.

1. Mi compañero de cuarto y yo ___________ normalmente a mediodía. (comer)
2. A la señora Tirado no le ___________ el café solo (= *black*). (gustar)
3. El señor Hernández ___________ demasiado alcohol. (beber)
4. El señor Hoyos siempre ___________ huevos para el desayuno. (escoger)
5. ¿___________ ustedes mucho pan con las comidas? (comer)
6. Mi esposo y yo ___________ en las afueras (= *outskirts*). (vivir)

7. No nos ___________ nada el chile.   (gustar)
8. La señora Ruiz no ___________ comer tantos dulces. (deber)
9. ___________ toda la leche, por favor. (beber)
10. Julio ___________ con frecuencia a su hermana. (escribir)
11. No me ___________ las comidas del hospital. (gustar)

E. Prepare preguntas y respuestas

Modelo 1:   – ¿Les gusta más el helado o la fruta?
              ○ Nos gusta más el helado.

Modelo 2:   – ¿Le gustan más los huevos fritos o los huevos revueltos?
              ○ Me gustan más los huevos fritos.

1. Le – el jamón o el tocino
2. Le – las manzanas o las uvas
3. Te – el jugo de tomate o el de naranja
4. Les – las peras o las naranjas
5. Les – la coca cola o la limonada
6. Te – las fresas o los pasteles
7. Les – los chícharos o los frijoles
8. Le – la carne o el pescado
9. Les – el té o el café
10. Le – el arroz o el puré de papas (= *mashed potatoes*)

F. Complete la frase

1. En casa comemos mucho(s)/mucha(s) ___________.
2. A mis amigos les gusta(n) ___________.
3. No me gustan nada ___________.
4. Me gusta mucho ___________.
5. La mantequilla (no) es ___________.
6. Termino de trabajar a las ___________.
7. Ceno a las ___________.
8. Este fin de semana voy a ___________.
9. Los pasteles ___________.
10. Por la noche (yo) ___________.
11. Mi casa (apartamento) está en ___________.
12. Siempre bebemos ___________ con las comidas.

G. ¿Cuál es la pregunta?
Here are the answers. What were the questions?

1. Me gustan más las tortillas de maíz.
2. Comemos a las dos y cuarto de la tarde.
3. Paco y Rafael viven lejos del hospital.
4. Son las tres y media de la madrugada.
5. No, no me gusta ver televisión.
6. Comemos después de ver las noticias en la televisión.
7. Mis amigos y yo no bebemos mucho.
8. Vamos a consultar con el médico antes de la operación.
9. Sus parientes van a esperar en la oficina del cirujano.
10. Sí, escribo a mi familia con bastante frecuencia.

H. Responda

1. ¿Le gusta más el café o el té?
2. ¿Le gustan más las uvas o las naranjas?
3. ¿Toma usted mucha tequila?
4. ¿Come usted muchas comidas fritas?
5. ¿Quién bebe mucha leche?
6. ¿Viven ustedes cerca de una farmacia?
7. ¿Con quién vas a cenar el sábado?
8. ¿Qué vas a desayunar mañana?

Diversión

Write up a new hospital menu that will appeal to your patients. Be prepared to take your "customers'" orders (and criticisms!).

Aperitivos ________________________   *Platos principales*

____

Ensaladas ________________________   ________________________

________________________   ________________________

Sopas ________________________   ________________________

________________________   ________________________

Bebidas ________________________   ________________________

________________________   ________________________

Postres ________________________   ________________________

________________________   ________________________

¿Qué pasa?

Prepare un diálogo o una descripción.

VOCABULARIO

SUSTANTIVOS
la **carne**   meat
el **desayuno**   breakfast
el/la **dietista**   dietician
la **ensalada**   salad
el **flan**   custard
la **fruta**   fruit
el **hambre** (*f.*)   hunger
el **helado**   ice cream
el **huevo**   egg
el **menú**   menu
la **noche**   night
el **nombre**   name
el **pan tostado**   toast
las **papas fritas**   french fries
el **pastel**   pastry
el **pescado**   fish
el **postre**   dessert
la **preferencia**   preference
la **selección**   selection
la **semana**   week
la **taza**   cup
el **tocino**   bacon
las **verduras**   vegetables

PRONOMBRES
Indirect objects
me   me
te   you (*fam.*)
le   you (*form.*)/him/her
nos   us
les   you (*pl.*)/them

lo   it (*direct obj.*)

ADJETIVOS
buen   good
frito/a   fried
sano/a   healthy

VERBOS
cenar   to eat for dinner, to dine
comer   to eat (in general), to have lunch
desayunar   to eat for breakfast
engordar   to fatten
escoge (*escoger*)   chooses
escribe (*escribir*)   writes
gustar   to please
indicar   to indicate
marcar   to mark
preguntar   to ask
tomar   to take (i.e., eat)
vas (*ir*)   you (*fam.*) are going
voy (*ir*)   I am going

ADVERBIOS
además   besides
a veces   sometimes
menos   less
normalmente   normally
¿por qué?   why?

EXPRESIONES
a mí tampoco   me neither
¿(cómo) le gusta(n) . . .?   (how) do you like . . .?
me gusta(n)   I like
es verdad   that's true
oye, . . .   listen, . . .
poca cosa   not very much
por supuesto   of course
¿qué hora es?   what time is it?
es/son la(s) . . .   it's . . . o'clock

OTROS
hasta   until
mientras   while
porque   because
tampoco   neither, not . . . either

CAPÍTULO 6
Síntomas

En la consulta del doctor Moya

El señor Larra (L) no se siente bien y consulta a su médico, el doctor Moya (M).

M: Buenas tardes, señor Larra. ¿Qué le pasa a usted?

L: Buenas tardes, doctor. No me siento bien. Tengo la garganta muy áspera. También me duele mucho la cabeza y tengo algo de fiebre.

M: ¿Cuánta fiebre tiene usted?

L: No mucha. Tengo treinta y ocho y medio.

M: ¿Tiene malestar y tos?

L: También. ¿Qué tengo, doctor?

M: Creo que tiene la gripe. No vaya a trabajar durante el resto de la semana y procure descansar lo más posible. Tome aspirinas para el malestar y la fiebre.

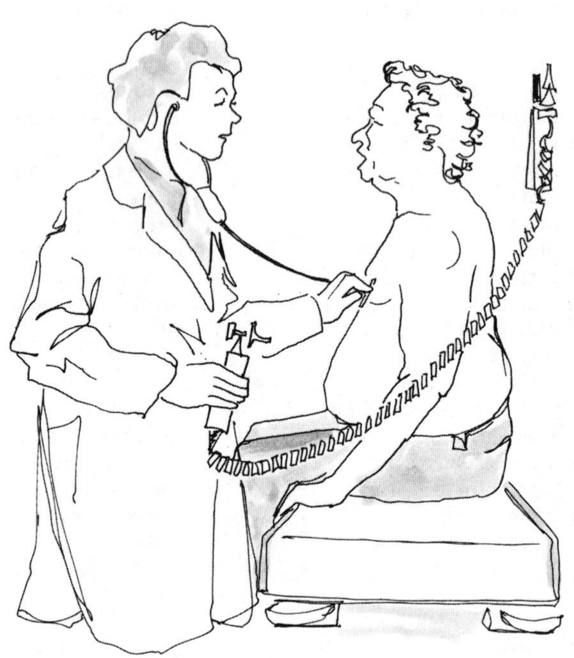

En la sala de emergencia

Una madre (M) lleva a su niño a la sala de emergencia. Allí el doctor (D) le pregunta sobre los síntomas del niño.

D: ¿Qué le pasa a su niño, señora?

M: ¡Ay, doctor, está muy enfermo! Tiene fiebre y vómitos y le duele mucho la barriga.

(El doctor examina al niño.)

D: ¿Cuántos años tiene su niño, señora?

M: Tiene diez años, doctor. ¿Qué le pasa?

D: Creo que tiene una apendicitis aguda. Tenemos que hacerle unos análisis de sangre y radiografías para estar seguros.

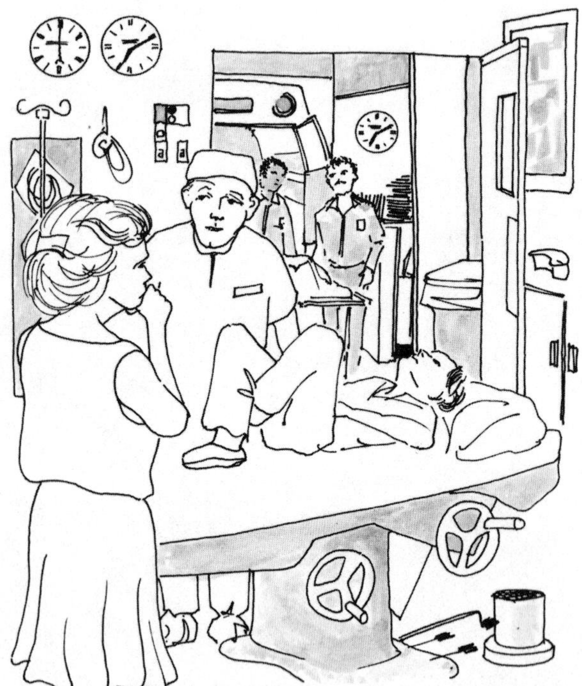

En un pasillo del hospital

Una enfermera observa a una paciente apoyada contra la pared.

P: ¡Ay, señorita! ¡Socorro, por favor!

E: ¿Qué le pasa, señora?

P: No me siento bien. Estoy mareada y tengo miedo de caerme.

E: Debe sentarse aquí un ratito. *(La ayuda a sentarse en una silla cerca del puesto de enfermeras. Pasan unos minutos.)*

E: ¿Cómo se siente usted ahora?

P: Mucho mejor, gracias.

E. ¿Tiene usted mareos con frecuencia?

P: A ratos. También tengo muchos dolores de cabeza.

E: ¿Sufre usted de desmayos?

P: No, nunca.

E: Bueno, voy a acompañarla a su cuarto. Debe acostarse y descansar un rato.

(Llegan a la habitación de la paciente.)

P. Es usted muy amable, señorita. Gracias por su ayuda.

E: De nada, señora. Buenas tardes. ¡Que se mejore pronto!

PREGUNTAS

1. ¿A quién consulta el señor Larra?
2. ¿Qué le pasa al señor Larra?
3. ¿Qué síntomas tiene?
4. ¿Cuánta fiebre tiene el señor Larra?
5. ¿Qué cree el doctor Moya que tiene el señor Larra?
6. ¿Adónde lleva la madre a su niño?
7. ¿Qué síntomas tiene el niño?
8. ¿Quién examina al niño?
9. ¿Cuántos años tiene el niño?
10. Según el doctor, ¿qué tiene el niño?
11. ¿Qué observa la enfermera en el pasillo?
12. ¿Qué le pasa a la señora?
13. ¿Qué hace la enfermera? *(hacer* = to do)
14. ¿Tiene la señora mareos con frecuencia?
15. ¿Qué otro síntoma tiene la señora?
16. ¿Adónde acompaña la enfermera a la señora?

VOCABULARIO VISUAL
El verbo tener

tener prisa

tener frío

tener ganas

tener cuidado

tener razón

tener celos

tener calor

tener sed

tener miedo

tener hambre

tener . . . años

tener sueño

VOCABULARIO ESPECIALIZADO

Síntomas

la acidez	acidity	*el hormigueo*	tingling, pins and needles
la alergia	allergy		
la ampolla	blister	*la ictericia*	jaundice
el ardor de estómago	heartburn	*la incontinencia*	incontinence
el bulto	lump	*la indigestión*	indigestion
el calambre	cramp	*la inflamación*	inflamation
el cansancio	tiredness	*la jaqueca*	migraine
el cólico	colic	*el malestar*	discomfort
la comezón	itch, tingling	*el mareo*	dizziness
la debilidad	weakness	*las náuseas*	nausea
el desmayo	fainting spell	*la palidez*	pallor
la diarrea	diarrhea	*la parálisis*	paralysis
el dolor agudo	sharp pain	*el pus*	pus
el dolor sordo	dull pain	*la secreción*	secretion
el espasmo	spasm	*la taquicardia*	tachycardia
el estornudo	sneeze	*el temblor*	tremor
el estreñimiento	constipation	*la tos*	cough
la fiebre	fever	*el tumor*	tumor
la flema	phlegm	*la urticaria*	rash
el gas	gas	*el vértigo*	vertigo
la hemorragia	excessive bleeding, hemorrhage	*la vista doble*	double vision
		la vista borrosa	blurred vision
la hinchazón	swelling	*la vista nublada*	obscured vision
el hipo	hiccups		

OBSERVACIÓN

Many of the words that end in *-ty* in English have equivalents in Spanish that end in *-dad* or *-tad*.

anormalidad	*dificultad*	*inmunidad*	*oportunidad*
calidad	*enfermedad*	*maternidad*	*posibilidad*
cantidad	*facultad*	*movilidad*	*proximidad*
debilidad	*flexibilidad*	*nacionalidad*	*regularidad*
deformidad	*imposibilidad*	*necesidad*	*similaridad*

LA LENGUA

1. Tener

(yo) **tengo**	I have		(nosotros) **tenemos**	we have	
(tú) **tienes**	you have				

(usted)
(él) ⎬ **tiene** you have / he has / she has
(ella)

(ustedes)
(ellos) ⎬ **tienen** you / they (m.) / they (f.) ⎬ have
(ellas)

Imperative **ten** (sing. fam.) **tenga** (sing. form.)

a) The verb *tener* is used in many idiomatic expressions of feeling or sensation (see *Vocabulario visual*).

   Ejemplos

No puedo hablarte ahora. **Tengo** mucha prisa.	I can't talk to you now. I'm in a hurry.
Tengo ganas de tomar un poco de aire.	I feel like getting some fresh air.
Tenga cuidado de no mojar la venda.	Be careful not to get the bandage wet.

b) *Tener que* vs. *deber*

   The expression *tener que* (to have to) is always followed by an infinitive.

   Ejemplos

Tengo que ver al médico.	I have to see the doctor.
Usted **tiene que** descansar más.	You have to get more rest.

The verb *deber* (ought to, should) also expresses necessity, but not as strongly. It is also followed by the infinitive.

   Ejemplos

Usted **debe** comer menos.	You should eat less.
¿Cuántas pastillas **debo** tomar al día?	How many pills should I take each day?

2. Personal "a"

In Spanish, when a person is the direct object of a verb, *a* must precede the direct object.

   Ejemplos

Voy a visitar **a** Juan.	I'm going to visit John.
La madre lleva **al** niño a la sala de emergencia.	The mother takes the boy to the emergency room.

The preposition *a* is also used with indirect objects.

   Ejemplo

¿Le pongo la inyección **a** María ahora?	(Shall) I give (to) María the injection now?

3. Doler

The verb *doler* follows the same structural pattern as the verb *gustar*.

   Ejemplos

Me **duele** la cabeza.	I have a headache. (My head hurts me.)
Me **duelen** los pies.	My feet hurt.

EJERCICIOS

A. ¿Deber o tener que?

Fill in each sentence with the correct form of *deber* or *tener que* as appropriate.

1. Juanito, ____________ comer toda tu cena.
2. Señor Ramírez, usted no ____________ comer tantos pasteles.
3. Señora Rojas, para mejorar (usted) ____________ tomar estas pastillas con regularidad.
4. (Nosotros) ____________ ir a visitar a José, pero ____________ esperar la llamada (= *phone call*) del médico.
5. (Yo) ____________ tomar este jarabe durante una semana y, según el doctor, no ____________ ir a trabajar.

B. Tener . . .

Complete the following sentences with one of the idiomatic expressions using the verb *tener.*

1. Mi cumpleaños es el 30 de octubre. ____________ treinta ____________.
2. No cenamos hasta las 6:30. Antes de esa hora no ____________ ____________.
3. Paco, llévale un vaso de agua a tu papá. ____________ mucha ____________.
4. Señorita, necesito otra cobija. ____________ ____________.
5. ¿____________ usted ____________? Voy a abrir (= *to open*) la ventana.
6. No tengo tiempo para hablarte ahora. ____________ mucha ____________.
7. No ____________ ____________ de comer. Hoy no tengo mucho apetito.

8. Los niños ____________ ____________ del doctor Anaya porque no les gustan las inyecciones.
9. Es muy difícil caminar con muletas, así que (= *so*) ____________ usted mucho ____________.
10. – Dice mi médico que debo dejar de fumar.
    ○ Debes escucharle. El ____________ ____________.

C. ¿A, al, a la . . . o nada?

Use personal *a* in the following sentences when necessary.

1. Esperamos ______ cirujano.
2. Busco ______ el cuarto del señor Echemendía.
3. ¿Debemos esperar ______ cirujano?
4. ¿Por qué no llamas ______ médico?
5. Su padre va a llamar ______ pediatra ahora.
6. Llevamos ______ Pepe a la clínica esta mañana.
7. Quiero presentarle ______ Teresa García.
8. La enfermera levanta ______ niño.

D. Escriba una pregunta

Here is the answer. What was the question?

1. Tiene más fiebre por la noche.
2. No, no sufro de indigestión.
3. Tengo que ir al baño.
4. Sufro de jaqueca cuando estoy muy nerviosa.
5. Es 098-67-4539.
6. Vivimos en la calle Pine.
7. No me gusta ninguno de los dos.
8. No, nunca tengo mareo.
9. Vamos a visitar a Anita.
10. No, nadie en mi familia sufre de artritis.
11. No, sólo tengo náuseas después de comer.
12. Su esposo está en Fisioterapia, señora.
13. No, no le va a doler mucho la inyección.
14. No, ya no tiene que usar las muletas.

E. Prepare unos diálogos

Form pairs. One will play the role of doctor. The other will be one of the patients illustrated. The doctor should determine what is wrong with the patient and whether he or she has any related symptoms.

Modelo
– ¿Qué le pasa, señora?
○ Me duele mucho la espalda.
– ¿Cuándo le duele más?
○ Por la mañana, al levantarme.
– ¿Sufre usted de artritis?
○ No, pero sí tengo reumatismo.

F. Preparen este diálogo

Working with a classmate, prepare the following dialogue.

Doctor	*Patient*
Greet your patient and ask what's wrong.	Reply that you think you have the flu.
Find out what symptoms your patient has.	Reply that you have a sore throat, a cough and a bad headache.
Find out whether the patient has a fever.	Reply that you do and that it is about 102°.
After examining the patient, tell him/her that it is the flu.	Ask the doctor what you should do.
Tell the patient not to go to work for the rest of the week and to rest as much as possible.	Ask if there is anything else you should do.
Tell the patient to take aspirin and drink a lot of liquids (= *líquidos*).	Thank the doctor and say goodbye.
Say goodbye and tell the patient to call in a week if he/she doesn't feel better.	

Diversión

Crucigrama

Horizontales

1. Dolor de cabeza muy fuerte, también llamado migraña.
5. Escucho música en la ______.
8. Contrario de p.m.
9. Producto de la mente, del razonamiento.
12. Contrario de "nada".
13. Voy ______ hospital esta tarde.
15. Sensación muy desagradable.
17. Un grupo de infinitivos en español termina en ______.
18. Trabaja en biología.
19. Luisa ______ su medicina a las seis.
21. Articulación del brazo.
22. Clase de comidas. El pollo es una; el pavo es otra.
26. Abreviatura de "intravenoso".
27. El rojo es uno, el verde es otro.
28. Al médico que ______ se le llama cirujano.
30. Contrario de pobre.
31. La ______ tiene cinco dedos.
34. Líquido que es síntoma de infección.
35. Una ______ tiene 60 minutos.
36. Contrario de "tuyas".
37. Rayos ______.

Verticales

2. Sensación de dolor y acidez en el estómago.
3. Paco ______ un muchacho muy simpático.
4. La penicilina es un ______.
5. Especialista en rayos X, etc.
6. Yo ______, tú amas, él ama, etc.
7. Enfado, rabia.
9. Igual, indistinguible.
10. Artículo definido.
11. Arteria que lleva la sangre del corazón al resto del cuerpo.
14. Todas las mañanas (yo) ______ las noticias en el periódico.
16. Rojo muy claro, nombre de mujer y nombre de una flor.
20. Si estoy enfermo, me siento ______.
23. Microorganismo que causa muchos tipos de infecciones.
24. Nombre de mujer. Esposa de Adán.
25. 2 + 2 = 3 es un ______.
29. Otro nombre de la patata.
32. Interjección.
33. Contrario de "sí".

¿Qué pasa?

Escriba un diálogo o una descripción.

VOCABULARIO

SUSTANTIVOS
el **análisis** analysis
el **año** year
la **apendicitis** appendicitis
la **aspirina** aspirin
la **ayuda** help
la **barriga** stomach
la **cabeza** head
la **consulta** (doctor's) office
el **desmayo** fainting spell
el **dolor** pain, ache
la **fiebre** fever
la **frecuencia** frequency
la **garganta** throat
la **gripe** flu
la **habitación** room
el **malestar** discomfort, achiness
los **mareos** dizzy spells
el **miedo** fear
el **minuto** minute
el/la **niño/a** boy/girl
la **pared** wall
el **pasillo** corridor
el **puesto de enfermeras** nurses' station
la **radiografía** X-ray
el **rato** awhile
el **ratito** little while
el **resto** remainder, rest
la **sala de emergencia** emergency room
la **sangre** blood
el **síntoma** symptom
la **tos** cough
los **vómitos** vomit(ing)

ADJETIVOS
agudo/a acute
amable kind
áspero/a rough, scratchy
cuánto(s)/cuánta(s) how much, how many
medio/a half
posible possible
seguro/a sure, certain

VERBOS
acompañar(le) to accompany (him/her/you)
acostarse to lie down
apoyado/a (*apoyar*) leaning
ayudar to help
caerme (*caerse*) to fall down
consultar to consult
creer to think, to believe
descansar to rest
duele (*doler*) hurts
examinar to examine
hacer(le) to do (to you/him/her)
llegar to arrive
llevar to take
¡que se mejore pronto! (*mejorarse*) (I hope you) get better soon!
observar to observe
pasar to happen, to pass
procurar to try
sentarse to sit down
sufrir to suffer
tengo (*tener*) I have
tiene usted do you have
vaya (*ir*) go

ADVERBIOS
aquí here
a ratos periodically
con frecuencia frequently
nunca never

EXPRESIONES
bueno, . . . okay, . . .
¿cuántos años tiene . . .? how old is . . .?
le duele el/la . . . his/her/your . . . hurts
lo más posible as much as possible
no mucha not much
¿qué le pasa a usted? what's wrong with you?
¡socorro! help!
tener miedo (frío, calor, *etc.***)** to be afraid (cold, hot, etc.)
tener que to have to

OTROS
cerca de near
contra against
durante during

CAPÍTULO 7

Medicinas e instrumentos

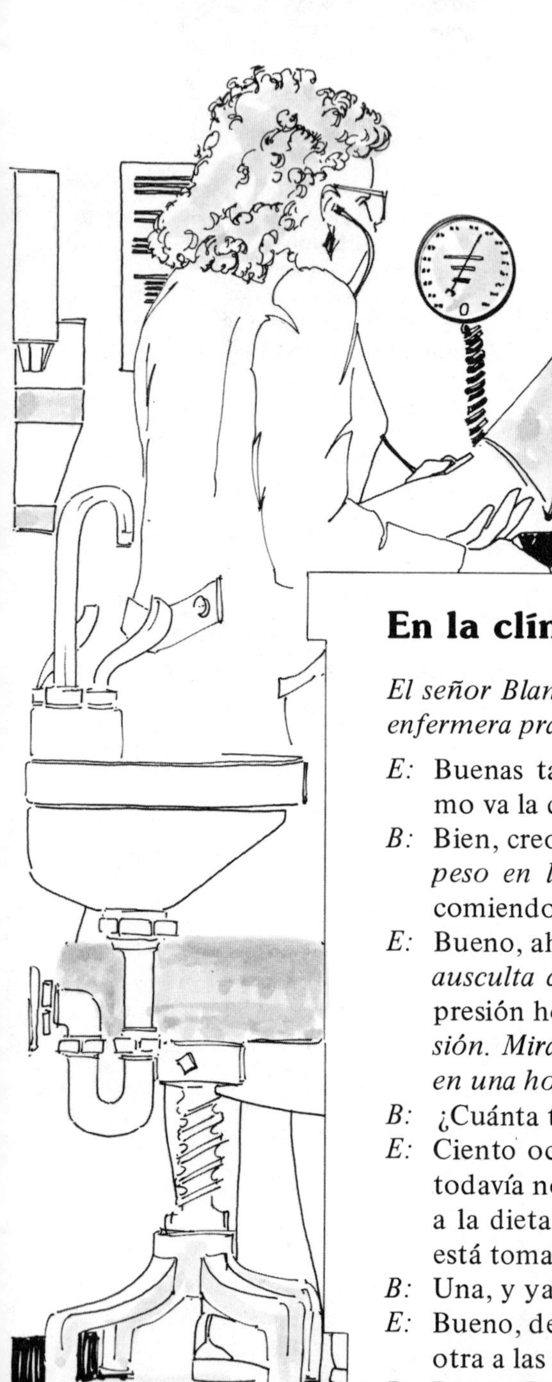

En la clínica

El señor Blanco (B) entra en la clínica, donde lo atiende una enfermera practicante (E).

E: Buenas tardes, señor Blanco. Pase usted, por favor. ¿Cómo va la dieta?

B: Bien, creo. La estoy siguiendo al pie de la letra. *(Mira su peso en la báscula.)* Pero, ¿cómo es posible? ¡No estoy comiendo prácticamente nada!

E: Bueno, ahora voy a auscultarlo. *(Saca el estetoscopio y lo ausculta detenidamente.)* Bien, vamos a ver como tiene la presión hoy. Súbase la manga, por favor. *(Le toma la presión. Mira atentamente el esfigmómetro y anota las cifras en una hoja.)*

B: ¿Cuánta tengo hoy?

E: Ciento ochenta sobre noventa y cinco. Está bajando, pero todavía no está normal. Tiene que prestar más atención a la dieta y perder unas diez libras más. ¿Cuántas pastillas está tomando cada día?

B: Una, y ya no me causa mareos como antes.

E: Bueno, de ahora en adelante tome dos, una al levantarse y otra a las seis de la tarde.

B: Bien. ¿Cuándo debo volver?

E: Dentro de un mes.

En la farmacia

La señorita Delgado (D) va a la farmacia para recoger su medicina. Habla con el farmacéutico (F).

D: Buenas tardes. Soy María José Delgado. ¿Tiene usted preparadas mis recetas?

F: Sí, aquí están: un frasco de cien pastillas y otro de jarabe para la tos.

D: ¿Con qué frecuencia hay que tomar las pastillas?

F: Hay que tomar tres pastillas al día, una antes de cada comida.

D: ¿Y el jarabe?

F: Tome una cucharada cada seis horas. Si tiene alguna duda, lea las etiquetas. En ellas siempre aparece esa información.

PREGUNTAS

1. ¿Quién llega a la clínica?
2. ¿Qué le pregunta la enfermera al señor Blanco?
3. ¿Qué dice el señor Blanco cuando mira la báscula?
4. ¿Está siguiendo su dieta?
5. ¿Come mucho el señor Blanco?
6. ¿Con qué instrumento ausculta la enfermera al señor Blanco?
7. ¿Con qué otro instrumento le toma la presión?
8. ¿Cuál es la presión del señor Blanco? ¿Está bien?
9. ¿Cuántas libras más debe perder el señor Blanco?
10. ¿Tienen algún efecto secundario las pastillas que está tomando el señor Blanco?
11. ¿Cuántas pastillas al día debe tomar el señor Blanco? ¿Cuándo las debe tomar?
12. ¿Cuándo debe volver a la clínica?
13. ¿Por qué va la señorita Delgado a la farmacia?
14. ¿Qué recibe del farmacéutico?
15. ¿Con qué frecuencia hay que tomar las pastillas? ¿y el jarabe?
16. ¿Dónde aparece la información sobre las dosis de medicina que hay que tomar?

VOCABULARIO VISUAL
Instrumentos y medicinas

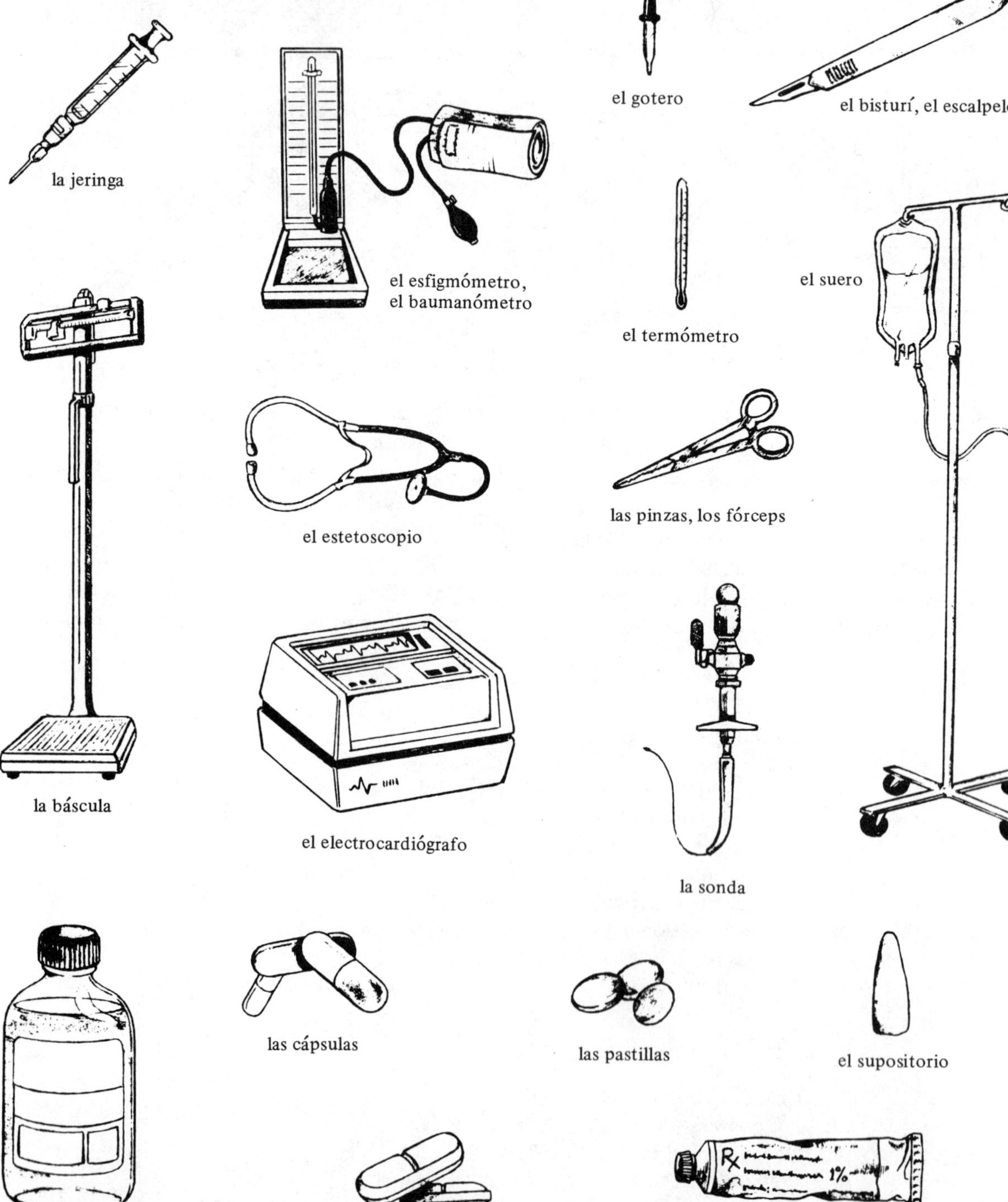

VOCABULARIO ESPECIALIZADO

la aguja	needle	*el espéculo*	speculum
el algodón	cotton	*la esponja*	sponge
el cabestrillo	sling	*el estilete*	probe
el catéter, la sonda	catheter	*la férula, la tablilla*	splint
la curita	bandaid		
el electroencefalógrafo	electroencephalograph	*el martillo de percusión*	percussion hammer
el esparadrapo, la tela adhesiva	adhesive tape	*la venda*	bandage

Clases de medicamentos

analgésicos	*anticonvulsivos*	*descongestionantes*	*laxantes*
anestésicos	*antisépticos*	*diuréticos*	*narcóticos*
antiácidos	*astringentes*	*eméticos*	*purgantes*
antibióticos	*calmantes*	*emolientes*	*sedantes*
anticonceptivos	*catárticos*	*estimulantes*	*tranquilizantes*

Dosis y medidas

Sistema métrico	*Metric system*	*Sistema inglés*	*English system*
un centímetro cúbico	cubic centimeter	*un cuarto*	quart
		un galón	gallon
un gramo	gram	*una libra*	pound
un kilogramo, kilo	kilogram	*una onza*	ounce
un litro	liter	*una pinta*	pint
un miligramo	milligram		
un mililitro	milliliter		

Generales

una cucharada	tablespoonful
una cucharadita	teaspoonful
una gota	drop
una taza	cup

LA LENGUA

1. Hay/hay que

a) *Hay* is a verb form that means "there is" or "there are", depending on the context.

Ejemplos

Hay un señor en la sala de espera.	There is a man in the waiting room.
Hay cien comprimidos en el frasco.	There are a hundred tablets in the bottle.

b) *Hay que* is an impersonal expression meaning "it is necessary" (or "one must", "you must"). It is always followed by an infinitive.

Ejemplos

¿Cuántas pastillas **hay que** tomar al día?

How many pills a day is it necessary to take?

Hay que tener mucho cuidado al caminar con muletas.

One (you) must be very careful when walking with crutches.

2. Fracciones

In Spanish the numerators of fractions are read as cardinal numbers. The denominators of fractions from fourths to tenths are read as the corresponding ordinals.

Ejemplos

1/2	la mitad (*adj.* medio/a)		2/5	dos quintos
2/3	dos tercios		5/8	cinco octavos
3/4	tres cuartos		7/10	siete décimos

Sólo come **la mitad** de lo que tiene en el plato.

He/she only eats half of what he/she has on his/her plate.

Tome **media** cucharadita cada cuatro horas.

Take half a teaspoonful every four hours.

3. Present Participles and the Present Progressive Tense

The present progressive tense is formed in Spanish by using the verb *estar* + the present participle. The present participles of *-ar* verbs are formed by dropping the infinitive ending and adding *-ando*. Those verbs that end in *-er* and *-ir* add the ending *-iendo*.

Ejemplos

El doctor **está hablando** por teléfono con un paciente.

The doctor is on the phone speaking to a patient.

Paco **está comiendo** menos de lo que debe.

Paco is eating less than he should.

Estoy viviendo ahora con mis tíos.

I'm living with my aunt and uncle now.

4. Adverbs

Adverbs are usually formed by adding *-mente* to the feminine form of the adjective.

Ejemplos

Su marido tiene indigestión porque come demasiado **rápidamente**.

Your husband has indigestion because he eats too quickly.

Espera **ansiosamente** los resultados de los análisis.

He/she is anxiously awaiting the results of the analyses.

Those adjectives with unmarked endings (i.e., neither masculine nor feminine) such as *fácil, constante*, etc., also form adverbs by adding *-mente*.

Ejemplos

Podemos solucionar **fácilmente** su problema, señora.

We can solve your problem easily, ma'am.

Ese niño tose casi **constantemente**.

That child coughs almost constantly.

Lectura

Método a seguir para la administración de insulina

- Guarde la insulina en el refrigerador; no la ∘congele.

- Saque el ∘envase del refrigerador y ∘voltéelo, ∘frotándolo entre las manos. No lo ∘agite. Con excepción de la insulina corriente, CZI, todas las soluciones de insulina tienen ∘aspecto ∘lechoso y ∘turbio.

- ∘Limpie la parte ∘superior del envase con una esponja ∘empapada en alcohol.

- Quite la ∘cubierta de la aguja. No deje que la aguja ∘toque nada; su contaminación ∘puede causarle una infección.

- ∘Tire un poquito del ∘émbolo ∘hacia afuera.

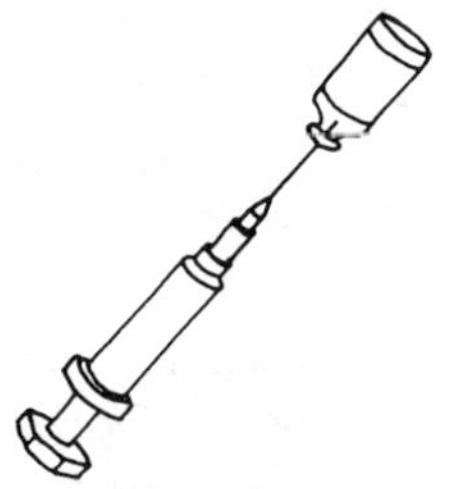

- ∘Introduzca la aguja en el envase y tire del émbolo. Voltee el frasco y tire del émbolo, para llenar la jeringa de insulina.

- ∘Asegúrese de que no haya ∘burbujas de aire en la jeringa. La presencia de ∘éstas puede alterar la dosis de insulina. Trate de eliminar ∘dichas burbujas ∘desplazándolas hacia la aguja.

- ∘Empuje el émbolo de la jeringa hasta que ∘alcance el número de unidades de insulina recomendadas por su médico.

- Saque la aguja y ∘ponga el envase ∘aparte.

- Desinfecte con alcohol la parte del cuerpo donde se va a inyectar.

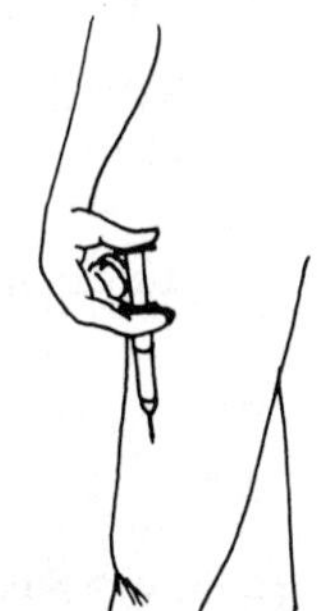

- ∘Coloque la jeringa en la mano ∘como si fuera un ∘lápiz. Inclinando ∘levemente la jeringa, introduzca la aguja en el sitio previamente desinfectado con alcohol.

- Tire un poquito del émbolo antes de inyectarse. Si observa sangre en la solución de insulina, saque la aguja, desinfecte otro sitio de inyección e introduzca de nuevo la aguja.

Vocabulario

∘*congele*	freeze
∘*el envase*	container
∘*voltéelo*	turn it upside down
∘*frotándolo*	rubbing it
∘*agite*	shake
∘*aspecto*	appearance
∘*lechoso*	milky
∘*turbio*	cloudy
∘*limpie*	clean
∘*superior*	upper
∘*empapada en*	soaked with
∘*la cubierta*	cover
∘*toque*	touch
∘*puede*	can
∘*tire*	pull
∘*el émbolo*	plunger
∘*hacia afuera*	outward
∘*introduzca*	introduce, insert
∘*asegúrese . . . haya*	be sure there are no
∘*burbujas*	bubbles
∘*éstas*	these (i.e., bubbles)
∘*dichas*	these
∘*desplazándolas*	moving them
∘*empuje*	push
∘*alcance*	reaches
∘*ponga*	put, set
∘*aparte*	aside
∘*coloque*	place
∘*como si fuera*	as if it were
∘*lápiz*	pencil
∘*levemente*	slightly

- Empuje el émbolo hasta ○vaciar la jeringa, saque la aguja y desinfecte de nuevo con alcohol el sitio de inyección.

Para evitar la infección ○conviene inyectarse cada día en un sitio diferente. ○Sugerimos como sitios de inyección las zonas del muslo señaladas en la ilustración.

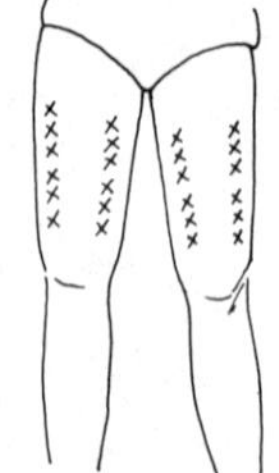

○*vaciar*	to empty
○*conviene*	it is advisable
○*sugerimos*	we suggest

EJERCICIOS

A. Complete la frase

Choose the most appropriate verb to complete each sentence. Then fill in the correct form of the verb.

recoger	bajar	ver
entrar	ir	tratar
tomar	leer	creer
escuchar	comer	auscultar

1. Estoy ___________ de llamar al médico ahora.
2. Señorita Gómez, si pasa por el laboratorio, ___________ los análisis del señor Méndez.
3. ___________ bien las instrucciones del médico.
4. Muchas personas no ___________ las etiquetas en los frascos de medicina.
5. Quítese (= *take off*) la camisa, por favor. Lo voy a ___________.
6. (Yo) ___________ que hay que operar a su hijo.
7. Estamos ___________ las noticias en la televisión.
8. Si usted desea ___________ de peso, ___________ menos carne.
9. ___________ a visitar a nuestro hijo.
10. Si las aspirinas le causan dolor de estómago, ___________ las con un vaso de leche.
11. Si la aguja no ___________ en vena, sáquela e intente de nuevo.

B. ¿Cuál es la solución?

Propose your solutions to the following problems. Follow the model.

Modelo

Todos tenemos calor. Las ventanas están cerradas.
– Hay que abrir las ventanas.

1. Juanito tiene mucha fiebre. Sus padres están preocupados.

   –

2. La señora Ruiz tiene apendicitis aguda. No quiere (= *doesn't want*) autorizar al cirujano a operarle antes de hablar con su esposo. Es peligroso esperar.

   –

3. Un paciente pide (= *asks for*) un calmante. Las enfermeras no tienen autoridad para dispensar medicamentos sin consultar con el médico de guardia.

   –

4. Una señora llega al hospital con dolores de parto (= *labor pains*). Usted determina que el feto está en peligro (= *danger*) y decide hacer una cesárea. Informe a su paciente.

   –

5. Usted receta un antibiótico a un paciente. Descubre que éste lo está tomando *después* de comer, y no *antes*, como indica la etiqueta.

C. Lea en voz alta las fracciones

1. 1/2	5. 2/3	9. 7/8
2. 1/3	6. 3/4	10. 9/10
3. 1/4	7. 4/5	11. 3/10
4. 1/5	8. 5/6	12. 5/8

D. Escriba una frase

Unscramble the words and write a sentence in each case.

1. las, de, que, pastillas, hay, tarde, la, tomar, las, a, 4:00
2. López, preocupada, tiene, no, pero, señora, la, está, dolor
3. aspirinas, para, llámeme, el, tome, y, mejor, siente, mañana, se, si, no, dolor
4. visita, son, horas, las, ocho, de, dos, de, cuatro, seis, a, y, a, de
5. menos, que, comiendo, dolor, no, estómago, estoy, de, cosas, ahora, tengo, fritas

E. Preguntas y respuestas

Draw a line between each question and its best answer. Which answer is left over?

1. ¿Debo evitar ciertas comidas mientras estoy tomando estas pastillas?
2. ¿Cómo se siente usted hoy?
3. ¿Su dirección, por favor?
4. ¿Cuánta insulina debo tomar?
5. ¿Hay que operarle inmediatamente?
6. ¿Cuándo debo volver?
7. ¿Para qué es el jarabe?
8. ¿Cuándo debo tomar las pastillas?
9. ¿Cuántas aspirinas hay que tomar?
10. ¿Dónde está la cafetería?

(a) Debe tomar 50 unidades al día.
(b) Es para la tos.
(c) Allí al fondo, a la derecha.
(d) Después de cada comida.
(e) Mucho mejor que ayer, gracias.
(f) Sí, evite los productos lácteos (= *dairy*).
(g) Dos comprimidos cada cuatro horas.
(h) Lo antes posible.
(i) Calle San Isidro, 137.
(j) No, no son necesarios.
(k) Dentro de una semana.

F. Preparen un diálogo

Work in pairs and prepare the following dialogue.

Cliente	*Farmacéutico*
Greet the pharmacist, give your name and ask for your prescriptions.	Answer that the bottle of pills is ready, but not the cough syrup. Say that you don't have any left.
Ask when he expects to have the cough syrup.	Not until five in the afternoon.
Respond that you must be home before five. Say that you will take the pills now and return tomorrow for the cough syrup.	You say that that's fine. Then ask if the customer has any allergies to antibiotics.
You answer that you're allergic to penicillin.	Reply that the customer should not take these pills; the doctor will have to prescribe something else.
Ask if you should call your doctor.	Say that you will call, if he/she wishes, and tell the customer to return in the morning.
Thank the pharmacist and say goodbye.	Respond appropriately.

Diversión

Read and discuss the following short story.

El dolor doble

Un día, Manolo, un niño de ocho años, entra en la farmacia del pueblo y °pide alguna medicina para el dolor de estómago. El farmacéutico, don José, sin mirar al niño, toma del °estante un frasco de medicina, un líquido rojo de muy mal sabor. Pone un poco del líquido en un vaso y °se lo da al niño, diciéndole:

— ¡Bébetelo todo °ahora mismo!

El niño trata de decirle algo a don José, pero éste no le presta atención, °sino que repite, con cara °seria:

— ¡Bébetelo todo ahora mismo! ¡Y no me hables más!

El pobre niño, con cara de °susto, bebe °de un solo trago todo el líquido. Entonces, don José, °conmovido por el evidente °temor del muchacho, le pregunta en otro tono:

—Bueno, Manolito, ¿qué pasa? ¿Qué quieres decirme? ° ¡Anda! No tengas miedo.

—¡Ay!, don José— responde Manolo con °tristeza—, es mi hermano el que necesita la medicina, ¡pero ahora yo tengo dolor de estómago también!

Vocabulario

°*pide*	asks for
°*estante*	shelf
°*se lo da*	gives it to him
°*diciéndole*	saying to him
°*ahora mismo*	right now
°*sino que*	but instead
°*seria*	serious, severe
°*susto*	fear
°*de un solo trago*	in a single gulp
°*conmovido*	moved, touched
°*temor*	fear
°*¡anda!*	come on!
°*tristeza*	sadness

¿Qué pasa?

Prepare un diálogo o una descripción.

VOCABULARIO

SUSTANTIVOS
la **báscula** scales
la **cifra** figures (numbers)
la **clínica** clinic
la **comida** meal
la **cucharada** tablespoon
la **dieta** diet
la **duda** doubt
la **enfermera practicante** nurse
  practitioner
el **esfigmómetro** sphygmomanometer
el **estetoscopio** stethoscope
la **etiqueta** label
el **farmacéutico** pharmacist
el **frasco** bottle
la **hoja** sheet (of paper)
la **información** information
el **instrumento** instrument
el **jarabe** syrup
la **libra** pound
la **manga** sleeve
la **medicina** medicine
el **mes** month
la **pastilla** pill
el **peso** weight
la **presión** blood pressure
la **receta** prescription
la **tarde** afternoon

ADJETIVOS
algún/a any, some
cada each
normal normal

VERBOS
anotar to jot down, to record
aparecer to appear, to show up
atiende (*atender*) attends to
auscultar to auscultate, to sound
causar to cause
leer to read
levantarse to get up
mirar to look, to watch
perder to lose
preparado/a (*preparar*) prepared
recoger to pick up
sacar to take out, to remove
siguiendo (*seguir*) following
ver to see
volver to return

ADVERBIOS
antes before
atentamente attentively
detenidamente thoroughly
prácticamente practically
siempre always
ya no no longer

EXPRESIONES
al pie de la letra to the letter
cada . . . horas every . . . hours
¿cómo es posible? how can
  that be?
¿cómo va . . .? how is . . .
  going?
¿con qué frecuencia? how
  often?
de ahora en adelante from now
  on
hay que it is necessary (i.e.,
  you must)
prestar atención to pay attention
súbase la manga roll up your
  sleeve

OTROS
dentro de in about
nada nothing

CAPÍTULO 8

Historias clínicas y enfermedades

Abra la boca, por favor

Hace más de una semana que el señor Muñoz (M) tiene dolor de garganta y algo de fiebre. Cada día está más ronco y por fin decide consultar a la doctora Hernández (H).

H: Buenas tardes, señor Muñoz. Hace mucho tiempo que no lo veo. ¿Qué le pasa a usted?

M: Pues, mire, doctora, tengo la garganta muy mal. Me duele bastante y, además, cada día me resulta más difícil tragar.

H: A ver. Déjeme examinarlo. Abra la boca. Un poco más, por favor. Ahora, saque la lengua un poquito. Así está bien. *(La doctora le examina detenidamente la garganta y también le palpa los ganglios linfáticos del cuello.)* ¿Desde cuándo tiene la garganta así?

M: Desde hace una semana. ¿Qué tengo, doctora?

H: Tiene las amígdalas muy inflamadas. Como la infección ha pasado a los ganglios, los tiene muy hinchados. Es la hinchazón lo que le causa la dificultad al tragar.

M: ¿Qué hago, doctora?

H: De momento voy a recetarle un antibiótico para controlar la infección. Tome una pastilla cada seis horas durante una semana. Quiero verlo de nuevo entonces. Ahora bien, la única solución definitiva es sacarle las amígdalas. Si no, este problema va a occurrirle cada vez con más frecuencia.

M: Bueno, gracias, doctora. Y eso que me ha dicho de la operación, lo voy a pensar muy en serio.

Métodos anticonceptivos

Conversación entre un ginecólogo (G) y su paciente, la señora Morelos (M).

G: Señora Morelos, usted me ha indicado que quiere informarse sobre los diversos métodos anticonceptivos.

M: Sí, doctor. Mi marido y yo ya tenemos cinco hijos y no queremos más.

G: ¿Han usado algún anticonceptivo antes?

M: Sólo hemos usado el método de la continencia.

G: Muy bien. La píldora es el método más eficaz, pero puede producir efectos secundarios en algunas personas. ¿Ha tenido usted hipertensión alguna vez?

M: Sí, la he tenido durante mis dos últimos embarazos.

G: Entonces, en su caso está contraindicada la píldora y debe usar otro método.

M: ¿Qué otros métodos hay?

G: Entre otros, el dispositivo intrauterino, el diafragma y la espuma.

M: ¿Y para el hombre no hay nada?

G: Hay el condón y, como método definitivo, la vasectomía. Voy a darle unos folletos que lo explican todo. Léalos y en su próxima podemos hablar de nuevo.

PREGUNTAS

1. ¿Qué tiene el señor Muñoz?
2. ¿Tiene también otro problema?
3. ¿Qué hace la doctora Hernández?
4. ¿Desde cuándo tiene el señor Muñoz dolor de garganta?
5. ¿Cuál es la diagnosis de la doctora?
6. ¿Qué otro síntoma presenta el señor Muñoz?
7. ¿Por qué le receta la doctora un antibiótico?
8. ¿Cuál es la solución definitiva al problema del señor Muñoz?
9. ¿De qué quiere hablar la señora Morelos?
10. ¿Cuántos hijos tienen ella y su marido?
11. ¿Cuántos hijos más quieren tener?
12. ¿Han usado algún anticonceptivo?
13. Según el ginecólogo, ¿cuál es el método más eficaz?
14. ¿Por qué no debe la señora Morelos usar la píldora?
15. ¿Qué otros métodos propone (= *propose*) el ginecólogo?
16. ¿Qué le da el ginecólogo a la señora Morelos?

VOCABULARIO VISUAL
El sistema reproductivo humano

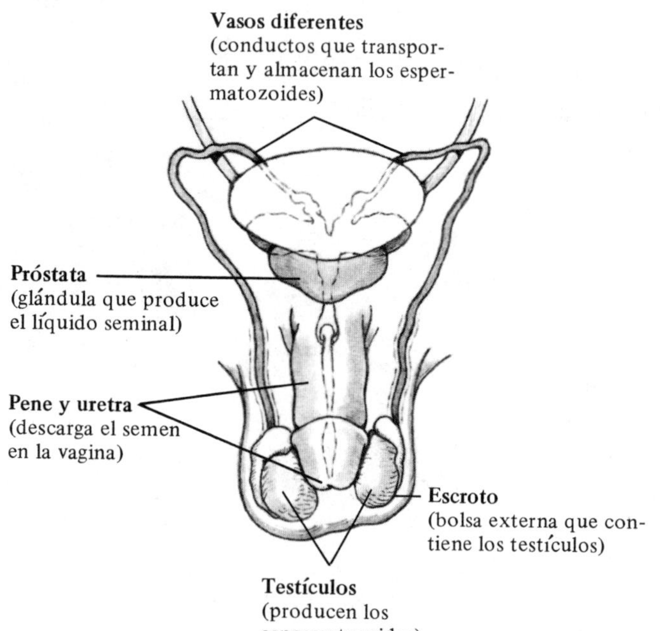

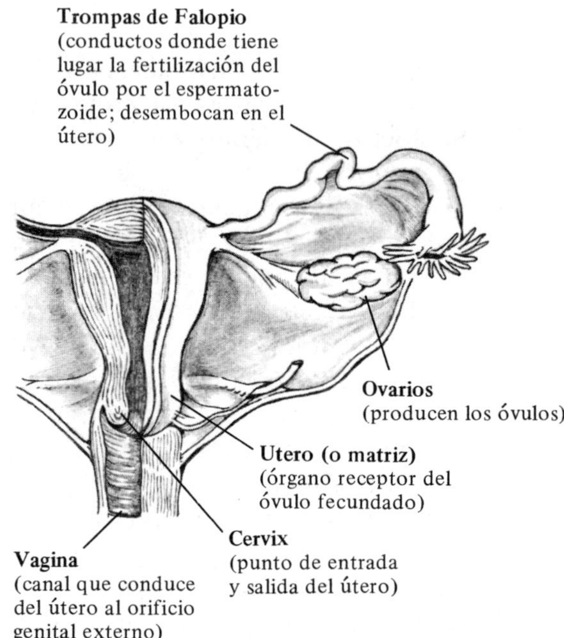

Esterilización

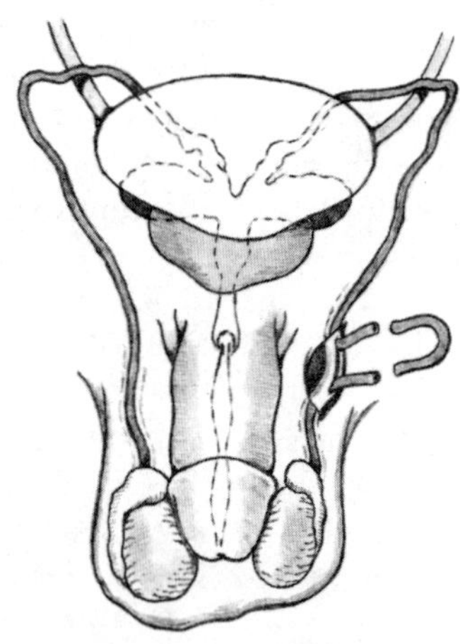

Vasectomía

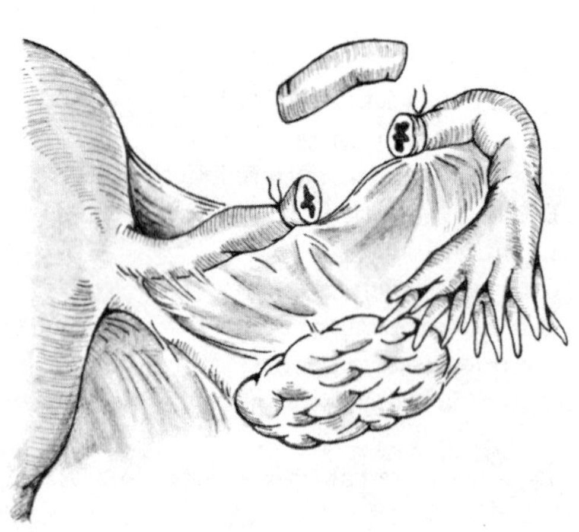

Ligación de las trompas

VOCABULARIO ESPECIALIZADO

The following diseases, symptoms, and mishaps include some of the elements you may need in obtaining a case history from patients and their families.

Generales	General		
una apoplejía, un ataque fulminante	stroke	*la malaria, el paludismo*	malaria
un ataque cardíaco, un infarto	heart attack	*la miopía*	near-sightedness
		la presbicia	far-sightedness
el bocio	goiter	*la quemadura*	burn
un catarro, un resfriado	cold	*el tifus*	typhus
		la ictericia	jaundice
la gota	gout		
Enfermedades de la niñez	Childhood illnesses	*Enfermedades venéreas*	Venereal diseases
el cólico	colic	*la gonorrea*	gonorrhea
la escarlatina	scarlet fever	*los herpes*	herpes
las paperas	mumps	*la moniliasis*	moniliasis, thrush
el sarampión	measles	*la sífilis*	syphilis
el sarampión alemán	German measles	*la tricomoniasis*	trichomoniasis
la tos ferina	whooping cough		
la varicela, las viruelas locas	chickenpox		

OBSERVACIÓN

Words that end in *-itis* and *-osis* in English often have identical or nearly identical counterparts in Spanish.

artritis	*laringitis*	*acidosis*	*hipnosis*
bronquitis	*neuritis*	*arterioesclerosis*	*mononucleosis*
bursitis	*osteomielitis*	*cianosis*	*neurosis*
cistitis	*peritonitis*	*cirrosis*	*prognosis*
endocarditis	*poliomielitis*	*diagnosis*	*psicosis*
gastritis	*sinusitis*	*halitosis*	*tuberculosis*
hepatitis	*vaginitis*		

A number of common ailments or complaints have identical or similar counterparts in Spanish. Some of the following are already familiar to you but are repeated here because of their relevance to this chapter.

alergias	*diabetes*	*epilepsia*	*palpitaciones*
anemia	*difteria*	*hemorragias*	*úlceras*
asma	*disentería*	*hemorroides*	
cáncer	*enfisema*	*histeria*	

LA LENGUA

1. **Hacer** (to do, make)

(yo) **hago**	I do, make
(tú) **haces**	you do, make
(usted)	you do, make
(él) } **hace**	he does, makes
(ella)	she does, makes
(nosotros) **hacemos**	we do, make
(ustedes)	you
(ellos) } **hacen**	they (m.) } do, make
(ellas)	they (f.)

Ejemplos

- ¿Qué **hacen** ustedes los fines de semana? — What do you do on weekends?
- **Visitamos** a la familia o **trabajamos** en la casa. — We visit the family or work around the house.
- ¿Qué **está haciendo** Pedro? — What's Pedro doing?
- **Está sacando** una muestra de sangre. — He's taking a blood sample.

Note that a question with *hacer* normally calls for a response using another verb.

2. **Idiomatic Expressions with *hacer***

a) The verb *hacer* is used to describe weather conditions.

Ejemplos

Hace frío.	It's cold.
Hace calor.	It's hot.
Hace viento.	It's windy.
Hace sol.	It's sunny.
Hace buen tiempo.	The weather is nice.
Hace mal tiempo.	The weather is unpleasant.

Other common weather-related expressions are:

Llueve.	It's raining.
Nieva.	It's snowing.
Está nublado.	It's cloudy.

b) Other useful expressions formed with the verb *hacer* are:

Hacer daño (a alguien) to hurt (someone), to cause harm

Ejemplos

No se preocupe. Esto no le va a **hacer daño.**	Don't worry. This isn't going to hurt you.
Las comidas fritas siempre me **hacen daño.**	Fried foods always upset my stomach.

Hacer falta   to be necessary

Ejemplos

No le voy a recetar ninguna medicina porque no le **hace falta.**	I'm not going to prescribe any medicine because you don't need it.
No use estas lentes. No le **hacen falta.**	Don't use these glasses. You don't need them.

Hacer efecto   to take effect

Ejemplos

La inyección **hace efecto** casi inmediatamente.	The injection takes effect almost immediately.
Esas pastillas me **hacen** mucho **efecto.**	Those pills have a strong effect on me.

3. ¿Desde cuándo . . . ?

To ask how long something has been going on, the expression *desde cuándo* is used with the *present* tense.

Ejemplos

¿**Desde cuándo** tiene usted fiebre?	How long have you had a fever?
¿**Desde cuándo** no tiene usted la regla?	How long since your last period?
¿**Desde cuándo** está usted en el hospital?	How long have you been in the hospital?

Answers to questions of this type may take any one of several forms.

Ejemplos

Desde enero.	Since January.
Desde hace un mes.	For the past month.
Hace tres semanas **que** estoy aquí.	I've been here for the past three weeks.

4. Present Perfect Tense

This tense is formed by using the present tense of the auxiliary verb *haber* (to have) plus the past participle of the main verb.

Haber

(yo) **he**		(nosotros) **hemos**	
(tú) **has**			
(usted)		(ustedes)	
(él)	**ha**	(ellos)	**han**
(ella)		(ellas)	

Past participles of *-ar* verbs are formed by adding *-ado* to the verb stem (e. g., *tomar* → *tomado*). Past participles of *-er* and *-ir* verbs are formed by adding *-ido* to the verb stem (e. g., *comer* → *comido* and *vivir* → *vivido*).

Ejemplos

El señor Villegas ya **ha cenado.**	Mr. Villegas has already had dinner.
Nunca **he tenido** paperas.	I've never had the mumps.
¿**Han recibido** ustedes la cuenta del hospital?	Have you received the hospital bill?

Some commonly used verbs have irregular past participles. Among these are:

abierto (*abrir*)	opened		**muerto** (*morir*)	died
descubierto (*descubrir*)	discovered		**puesto** (*poner*)	put, placed
dicho (*decir*)	said, told		**roto** (*romper*)	broken
escrito (*escribir*)	written		**visto** (*ver*)	seen
hecho (*hacer*)	done, made		**vuelto** (*volver*)	returned

Ejemplos

¿Qué **has hecho** esta semana?	What have you done this week?
No **he visto** al doctor Suárez hoy.	I haven't seen Dr. Suarez today.
No **ha vuelto** todavía de Los Angeles.	He still hasn't returned from Los Angeles.

5. Direct Object Pronouns

	Singular			*Plural*
me	me		**nos**	us
te	you (*fam.*)			
lo	him, it (*m.*), you (*m. formal*)		**los**	them (*m.*), you (*m. pl.*)
la	her, it (*f.*), you (*f. formal*)		**las**	them (*f.*), you (*f. pl.*)

Direct object pronouns (the "what" or "whom" upon which the verb acts) normally precede the verb in declarative sentences in Spanish.

Ejemplos

– ¿Tiene usted los resultados de los análisis?	Do you have the results of the analyses?
○ No, no **los** tengo todavía.	No, I don't have them yet.
– Pedro, ¿me prestas tu estetoscopio?	Pedro (will you) lend me your stethoscope?
○ No **lo** tengo conmigo. **Lo** he dejado en la consulta.	I don't have it with me. I've left it in the office.

Direct object pronouns *may* come after the verb in the following situations:

After the present participle:

Estoy **esperándolo** desde las cuatro.	I've been waiting for him (it) since four.

After the infinitive:

Abra el ojo lo más posible, por favor. Quiero **examinarlo**.	Open your eye as widely as possible, please. I want to examine it.

Note, however, that it is equally correct to say *Lo estoy esperando . . .* and *Lo quiero examinar.*

Direct object pronouns *must follow* the verb in the affirmative command form.

Ejemplos

Si ha terminado de sacar las muestras, **mándelas** al laboratorio.	If you've finished taking the samples, send them to the lab.
Esta es la autorización. **Léala** con cuidado antes de firmar.	This is the authorization. Read it carefully before signing.

Direct object pronouns *must precede* the verb in the negative command form.

Ejemplos

Estas pastillas son muy potentes, así
   que **no las tome** si no le hacen falta.
Si no le gustan los guisantes, **no los
   coma.**

These pills are very powerful, so don't
   take them if you don't need them.
If you don't like peas, don't eat them.

EJERCICIOS

A. Change the verbs in the following sentences to the present perfect tense.

Modelo: ¿Tiene usted fiebre?
            ¿Ha tenido usted fiebre?

1. Comemos a las dos en punto.
2. ¿Sufre usted de crisis asmáticas?
3. ¿Usan ustedes algún anticonceptivo?
4. Sus hijos tienen mononucleosis.
5. Opero a su esposa a las cuatro.
6. El paciente no presenta ninguna reacción adversa contra el tratamiento.

B. Responda a las preguntas

In your answers to the following questions, substitute a direct object pronoun for the word(s) in italics.

Modelo: – ¿Tiene el doctor los *resultados* de
           mis análisis?
        o No, señora, no los tiene todavía.

1. ¿Tiene usted *jaqueca* con frecuencia?
2. ¿Cuándo operamos a la *señora López*?
3. ¿Adónde llevan a mi *hija*, señorita?
4. ¿Tiene usted a veces *episodios* de mareo?
5. ¿Toma usted estos *tranquilizantes* con frecuencia?
6. ¿Ha visto usted las *radiografías* de mi esposa?
7. ¿Quién lo lleva a *usted* al hospital?
8. ¿Toman ustedes *vino* en las comidas todos los días?
9. ¿A qué hora debo tomar la *pastilla*?
10. ¿Hasta cuándo debo usar las *muletas*?

C. Siga los modelos

Modelo 1: – Mañana voy a llamar al *doctor
           Hernández.*
        o No, lláme*lo* ahora.

1. Mañana voy a escribir el informe.
2. Dentro de una hora voy a tomar la medicina.
3. Pasado mañana vamos a hacer los análisis.
4. Esta tarde vamos a tomar las muestras de sangre.
5. Mañana por la mañana voy a recoger la receta.
6. Bien, doctor, voy a llamarlo de nuevo mañana.
7. Bueno, José, voy a buscarte al laboratorio a las siete.
8. ¿Ana? ¿Voy a preparar al señor Rojo a las dos?

Modelo 2: – ¿Llamo al *doctor* esta tarde?
         o No, no *lo* llame hasta el jueves.

1. ¿Llevamos a Pepe al hospital hoy?
2. Entonces, ¿hago los ejercicios tres veces al día?
3. ¿Lo esperamos en la consulta, doctor?
4. ¿Tomo las pastillas antes de la comida?
5. ¿Subo las comidas a las once y cuarto?
6. Hace mucho calor aquí. ¿Abro la ventana?
7. ¿Guardo las jeringas en este cajón?
8. ¿Dejo los resultados en su oficina, doctor?

D. Responda

Answer these questions according to the information given in parentheses. Use direct object pronouns when possible.

1. ¿Desde cuándo tiene usted náuseas por la mañana? (un mes)
2. ¿Desde cuándo tiene su hija la regla? (seis meses)

3. ¿Desde cuándo no trabaja su esposo? (enero)
4. ¿Desde cuándo viven ustedes aquí? (dos años)
5. ¿Desde cuándo tiene usted el tobillo hinchado? (el viernes pasado)
6. ¿Desde cuándo toma su señora la píldora? (tres años)
7. ¿Desde cuándo le duelen las articulaciones? (tres semanas)
8. ¿Desde cuándo está usted tomando esta medicina? (agosto)
9. ¿Desde cuándo está usted en el hospital? (el lunes)
10. ¿Desde cuándo no tiene su hijo apetito? (cuatro días)

E. ¿Cuál es la pregunta?

In taking case histories, you have received these answers. What was your question? Clues have been provided in parentheses when appropriate.

1. No la tengo desde hace dos meses. (la regla)
2. No, no las ha tenido nunca. (su hijo, paperas)
3. Desde enero (estoy a dieta).
4. Sí, hace tres meses que estoy tomando la píldora.
5. No, en mi familia no la tiene nadie. (diabetes)
6. Me duele más desde el sábado. (el brazo)
7. No, nunca (me ha examinado el doctor López).
8. Sí, los he tomado a veces. (sedantes)
9. No, come muy poco y ha perdido mucho peso. (su padre)
10. Sí, la he leído. (la autorización)

F. Preparen el diálogo

Choose a partner and prepare the following dialog together.

El doctor	*El padre/la madre*
Greet your patient and his/her parent and find out what's wrong.	
	Tell the doctor your child has been irritable, tired, and has had little appetite for about a week.
Ask if the patient has any other symptoms.	
	Say that the child has chills once in a while, but doesn't have a fever.
Ask if the child has a cough or sneezes (*estornudar*) frequently.	
	Say that the child has no cough, but sneezes quite often and has a sore throat.
Ask if the child has any allergies or often has colds.	
	Respond that the child has no allergies and few colds.
Reply that you want to do some blood tests and that you are going to take a blood sample now.	
	Ask the doctor if your child should take some medicine or vitamins. Show concern over his/her lack of vitality.
Say that you need more information before prescribing any medicine and add that the child should just rest as much as possible.	

G. Problemas

Each of the following situations presents a problem whose solution requires a brief explanation in Spanish. You are the only person available to give it, so state your case clearly.

1. It is a cold, rainy November day. You enter Mrs. Velázquez's room and find the Spanish-speaking cleaning lady opening the window. Mrs. Velázquez has pneumonia and a temperature of 104°, and has obviously complained that she is too hot. Equally as obvious is the fact that cold, damp air is the last thing she needs! Politely request the lady to close the window and explain why.

2. You are a nurse in Pediatrics. Jaimito underwent surgery this afternoon and is suffering some discomfort. It is now 10 p.m., and his parents have gone home at the advice of the doctor. Jaimito is crying. You try to find out exactly what is wrong, to reassure him that his parents have been with him all day and will come to visit him tomorrow, and generally to allay his fears.

3. Your five-year-old patient has the flu. You are certain he is well on the way to recovery, but his mother is furious that you are not going to prescribe an antibiotic. You try to explain to her that antibiotics are potent medicines and should be prescribed only when absolutely necessary. Add that, while antibiotics act very effectively against bacteria, they have no effect against viruses. Also, point out that some antibiotics cause severe allergic reactions in certain patients and that, in her son's case, the best remedies are the standard ones: rest, liquids, and aspirin.

4. Your fifty-six-year-old patient has just undergone open heart surgery and is now in Intensive Care. His entire family is waiting for your news on his condition and, upon seeing you, immediately request to visit your patient. Set the necessary limits on such visits, explain the reasons behind them, and try to prepare those who will be allowed a brief visit for what they will see.

Diversión

Descifre las siguientes palabras.

Modelo: VORAOI   O V A R I O

1.	PISNIDTECAI	— — — — — — — — — — —
2.	CRENAC	— — — — — —
3.	ZOBA	— — — —
4.	RADIEPTA	— — — — — — — —
5.	OLAEGSNAIC	— — — — — — — — — —
6.	ALORIPD	— — — — — — —
7.	SAPERAP	— — — — — — —
8.	ARULECS	— — — — — — —
9.	GLIMADSAA	— — — — — — — — —
10.	NOMASRIPA	— — — — — — — — —
11.	NOLIGAGS	— — — — — — — —
12.	LNUPMIAO	— — — — — — — —
13.	ORGEITV	— — — — — — —
14.	SLACRMAEB	— — — — — — — — —
15.	HECEL	— — — — —

¿Qué pasa?

Prepare un diálogo o una descripción.

VOCABULARIO

SUSTANTIVOS
las **amígdalas** tonsils
el **antibiótico** antibiotic
el **anticonceptivo** contraceptive
la **boca** mouth
el **caso** case
el **condón** condom
el **cuello** neck
el **diafragma** diaphragm
la **dificultad** difficulty
el **dispositivo intrauterino** intrauterine device (IUD)
los **efectos secundarios** side effects
el **embarazo** pregnancy
la **enfermedad** illness
la **espuma** foam
el **folleto** pamphlet
los **ganglios linfáticos** lymph nodes
el **ginecólogo** gynecologist
la **hinchazón** swelling
la **hipertensión** hypertension
la **historia clínica** clinical history
el **hombre** man
la **infección** infection
el **marido** husband
el **método** method
el **método de la continencia** rhythm method
la **persona** person
la **píldora** birth control pill
el **problema** problem
la **solución** solution
el **tiempo** time
la **vasectomía** vasectomy
la **vez** time
la **visita** visit

ADJETIVOS
contraindicado/a inadvisable
definitivo/a definitive, permanent
difícil difficult
diverso/a diverse, different
eficaz effective
hinchado/a swollen
inflamado/a inflamed
poco little
próximo/a next
ronco/a hoarse
último/a last
único/a only

VERBOS
abrir to open
controlar to control
decidir to decide
dejar to allow, to let
explicar to explain
haber to have (auxiliary verb)
hacer to do, to make
informarse to get some information
ocurrir to occur
palpar to feel
pensar to think
podemos (*poder*) we can
puede (*poder*) it can
producir to produce, to cause
queremos (*querer*) we want
quiere (*querer*) you want
recetar to prescribe
resultar to result (*here* it is getting)
tragar to swallow

ADVERBIOS
así like that, thus
bastante enough, quite a bit
cuándo when
entonces then
sólo only
ya already

EXPRESIONES
ahora bien,... now then,...
a ver,... let's see,...
cada vez con más frecuencia more and more often
de momento... for now...
¿desde cuándo tiene...? how long have you had...?
desde hace... for...
hace más de una semana... for more than a week...
hace mucho tiempo que no lo veo I haven't seen you for a long time
lo voy a pensar muy en serio I'm going to think about it very seriously
por fin at last
saque la lengua stick out your tongue
si no,... if not,...

OTROS
como since, as
desde since
entre among
lo que that, what (*conj.*)
que that
todo everything

CAPÍTULO 9
Consulta con el dentista

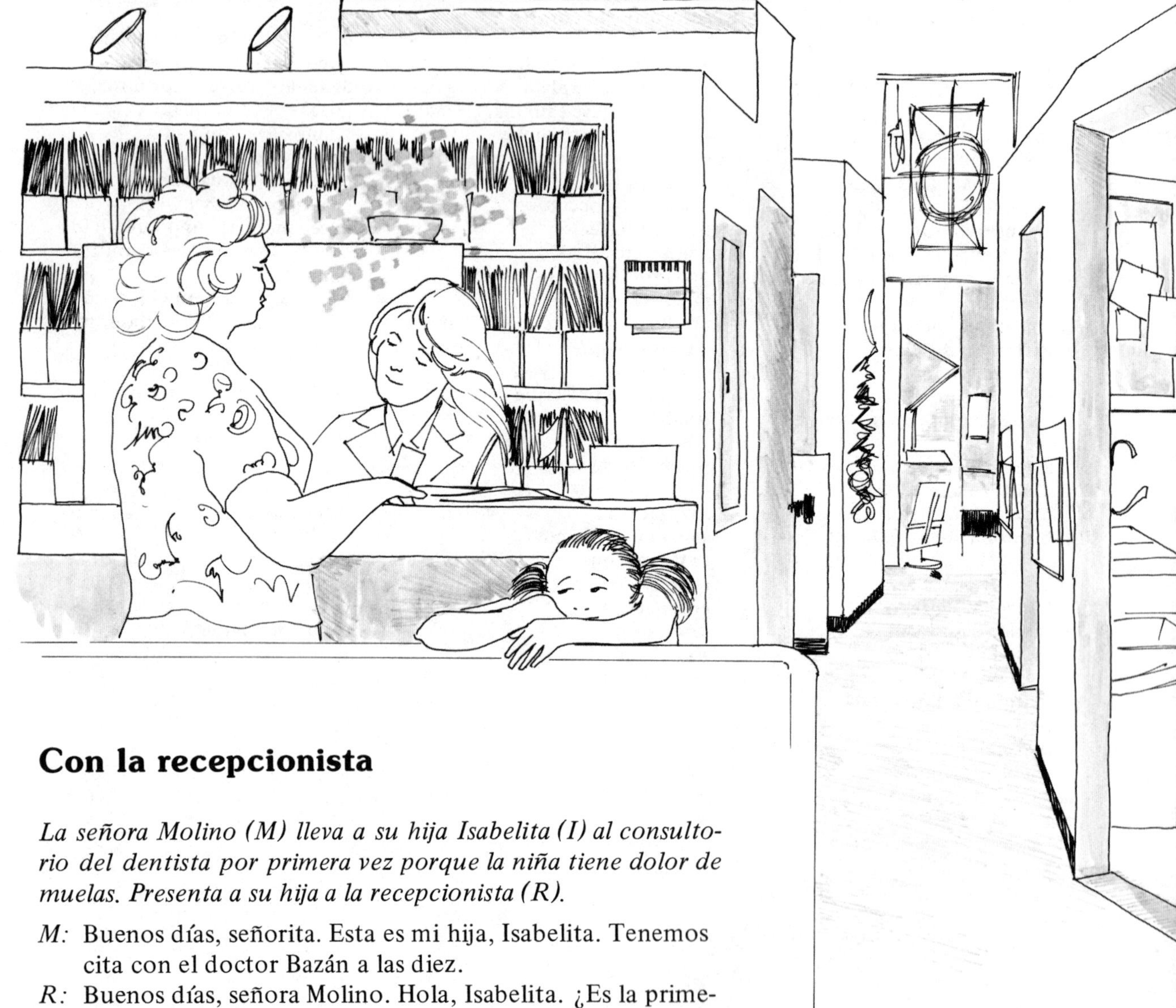

Con la recepcionista

La señora Molino (M) lleva a su hija Isabelita (I) al consultorio del dentista por primera vez porque la niña tiene dolor de muelas. Presenta a su hija a la recepcionista (R).

M: Buenos días, señorita. Esta es mi hija, Isabelita. Tenemos cita con el doctor Bazán a las diez.

R: Buenos días, señora Molino. Hola, Isabelita. ¿Es la primera vez que vienes aquí?

I: *(Asiente con la cabeza.)* Me duele una muela.

R: ¡Pobrecita! ¿Te duele mucho?

I: Sí . . . ¿Me va a hacer daño el doctor?

R: No, no tengas miedo. El doctor es muy simpático y no te va a hacer ningún daño. *(A la madre.)* Esperen un momentito. *(Sale por la puerta y vuelve poco después.)* Pueden pasar ahora. Síganme, por favor.

En el consultorio

Entran la señora Molino (M) e Isabelita. El doctor Bazán (B) saluda a ambas e intenta enseguida tranquilizar a la niña.

B: Buenos días, señora. Hola, Isabelita. Ya conozco a tu mamá y a tu hermano Pablo, ¿sabes? Dice tu mamá que te duele una muela. Siéntate aquí en esta silla, ¿quieres? Ahora, abre la boca y déjame ver cuál es. *(A la madre.)* Su hija tiene dos muelas picadas. Puedo empastar una, pero tengo que sacar la otra.

M: ¿Puede sacarla hoy mismo? Le duele mucho desde ayer por la tarde y no quiere ni comer ni beber nada.

B: Es natural. Voy a sacarla ahora y al mismo tiempo le pongo el empaste a la otra. Si le parece bien, señora, como su hija es muy pequeña, prefiero usar gas hilarante antes de ponerle la novocaína.

M: De acuerdo, doctor. Mi hija tiene mucho miedo a las inyecciones.

B: Luego también le voy a dar unas pastillas, por si tiene dolor esta tarde. Si quiere, al salir, pídale hora a la recepcionista para la semana que viene y le hago un examen más completo.

PREGUNTAS

1. ¿Ha venido Isabelita antes al consultorio del doctor Bazán?
2. ¿Por qué la lleva allí su madre?
3. ¿A qué hora tienen cita con el dentista?
4. ¿Tiene miedo Isabelita?
5. ¿Qué le dice la recepcionista a Isabelita?
6. ¿Por qué sale la recepcionista de la oficina?
7. ¿Qué dice la recepcionista a Isabelita y a su madre al volver?
8. Después de saludar a la madre y a su hija, ¿qué intenta hacer el doctor Bazán?
9. ¿A quiénes conoce el doctor Bazán ya?
10. ¿Qué descubre el doctor Bazán al examinar a Isabelita?
11. ¿Qué le preocupa a la madre de Isabelita?
12. ¿Qué ha decidido hacer el doctor Bazán?
13. ¿Qué clase de anestesia prefiere usar el doctor Bazán en este caso? ¿Por qué?
14. ¿Está la madre de Isabelita de acuerdo con el dentista? ¿Por qué?

El consultorio del dentista

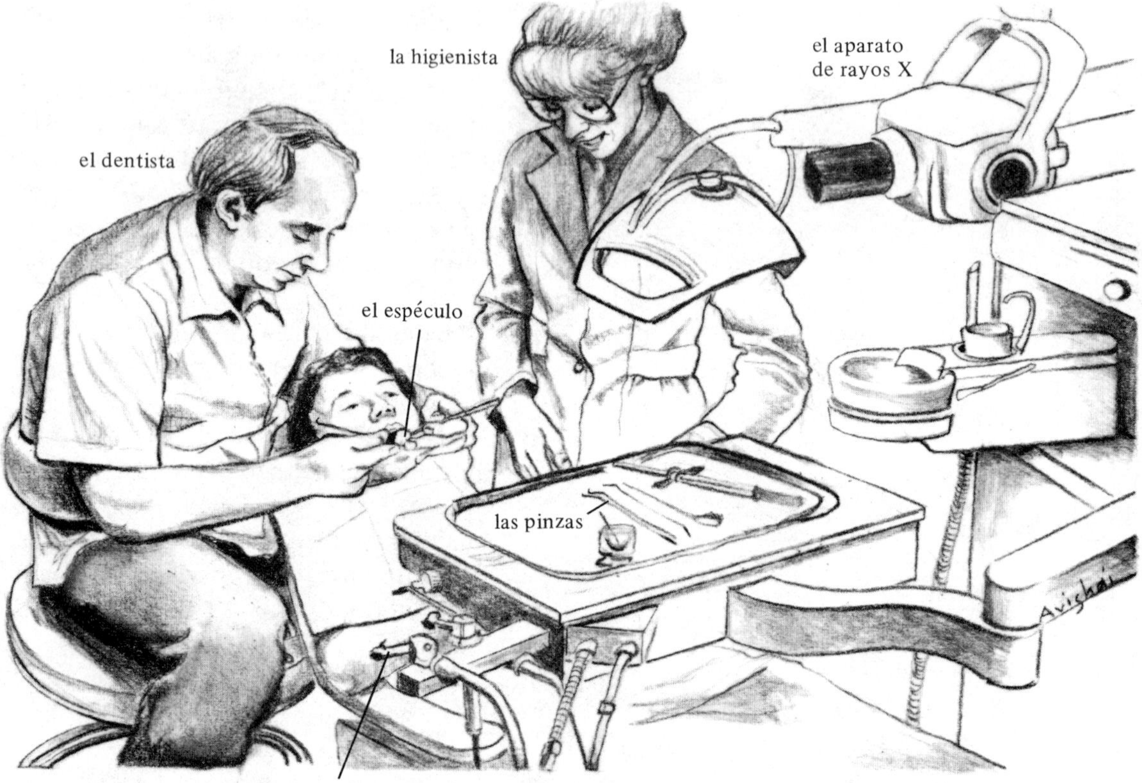

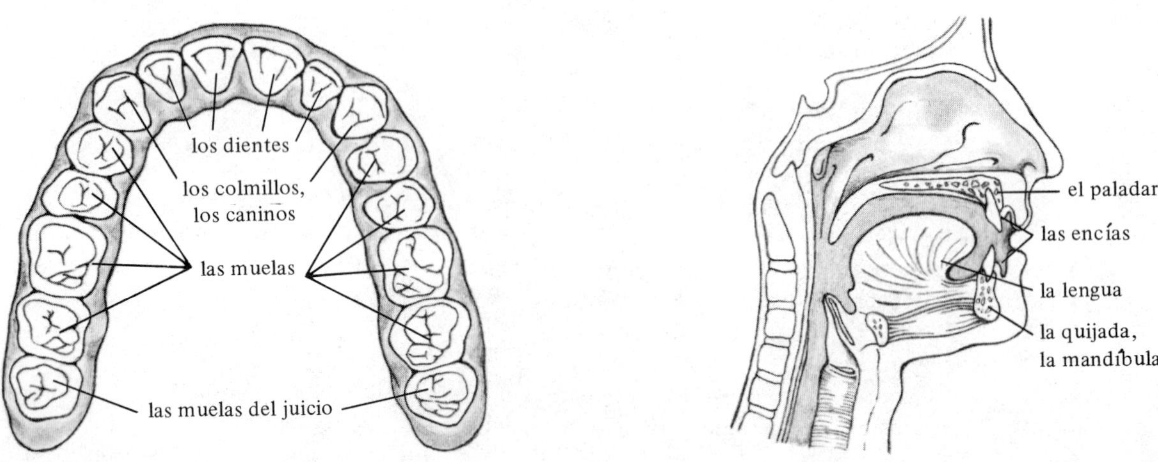

La dentadura

VOCABULARIO ESPECIALIZADO

el absceso	abscess	*la muela encatrada*	impacted tooth
el aparato	braces		
las caries	tooth decay, cavities	*la novocaína*	novocaine
el cepillo de dientes	toothbrush	*la ortodoncia*	orthodontics
		la pasta de dientes	toothpaste
la corona	crown		
los dientes de leche	milk teeth	*la periodoncia*	periodontics
		la piorrea	pyorrhea
los dientes permanentes	permanent teeth	*el puente*	bridge
		el sarro	tartar, plaque
el esmalte	enamel	*el tratamiento de canal*	root canal
el hilo dental	dental floss		
la lidocaína	lydocaine		

Verbos

cepillarse los dientes	to brush one's teeth	*escupir*	to spit
enjuagarse la boca	to rinse one's mouth	*hacerse rechinar los dientes*	to grind one's teeth
		morder (ue)	to bite

LA LENGUA

1. Stem-changing Verbs

In certain Spanish verbs, the stem vowel changes in the present-tense forms corresponding to *yo, tú, usted, él, ella, ustedes, ellos,* and *ellas.* Such verbs will be identified, when first introduced and in the Vocabulary at the end of the book, by the presence of the letters that replace the stem vowel in parentheses immediately after the infinitive form. Note that the stem vowel *o* always changes to *ue,* while the stem vowel *e* may change to *ie* or, less frequently, *i.* Also note that the stem vowel does *not* change in the present-tense form corresponding to *nosotros.* Verb endings for all forms are regular.

Ejemplos

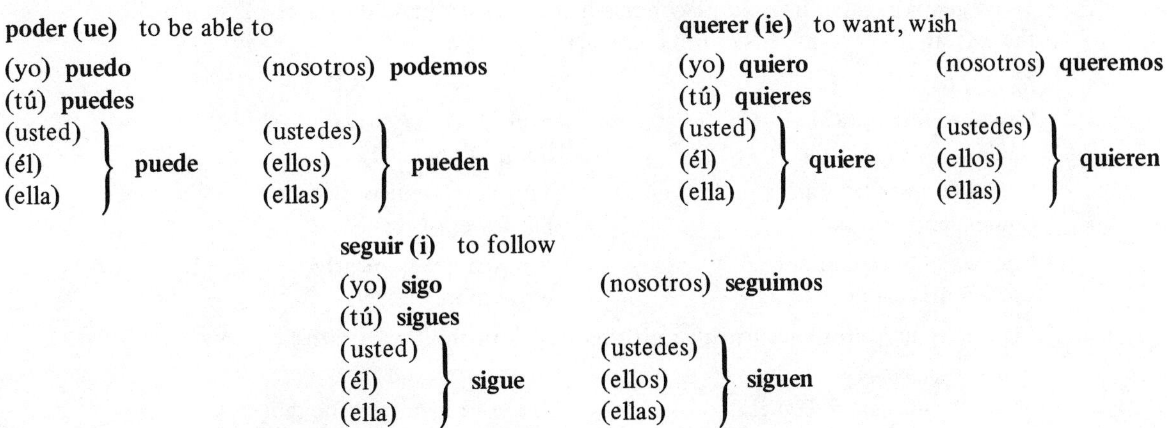

2. Acabar de + Infinitive

To express in Spanish an action that has just taken place, use the appropriate form of
acabar + *de* + infinitive.

Ejemplos

– ¿Quieres salir a cenar?	Do you want to go out to have dinner?
o No, gracias. **Acabo de** cenar ahora.	No, thanks. I've just had dinner now.
– ¿Puedo ver a la doctora Durán?	Can I see Dr. Durán?
o Lo siento. **Acaba de** salir.	I'm sorry. She's just left.

3. Irregular Verbs

The following verbs are irregular in the first person singular form of the present tense.
The remaining present tense forms are regular. Note that three of these verbs are also
stem-changing verbs.

conocer (to know, be acquainted with)	**salir** (to go out, to leave)
(yo) **conozco**	(yo) **salgo**
dar (to give)	**tener (ie)** (to have)
(yo) **doy**	(yo) **tengo**
decir (i) (to say, tell)	**venir (ie)** (to come)
(yo) **digo**	(yo) **vengo**
saber (to know, to know how to)	
(yo) **sé**	

4. Saber versus conocer

Saber and *conocer* both mean "to know" However, each is used in a different way
and under different circumstances. Use *saber* when referring to knowledge of facts.
Use *conocer* when referring to knowledge of (i. e., familiarity with) a person, place or
thing.

Ejemplos

No **sé** qué hora es.	I don't know what time it is.
¿**Sabes** dónde están las jeringas?	Do you know where the syringes are?
No **conocemos** al doctor Méndez.	We don't know Dr. Mendez.
Conozco México muy bien.	I know Mexico very well.

5. The Imperative Using *tú*

a) To give a regular *affirmative* command to a person you address as *tú*, simply drop
the *-s* from the present tense form corresponding to *tú*.

Ejemplos

Hablas en voz muy alta.	You speak very loudly.
Habla en voz más baja.	Speak more softly.
Comes demasiados dulces.	You eat too many sweets.
Come menos dulces.	Eat fewer sweets.
Escribes muy claramente.	You write very clearly.
Escribe más claramente.	Write more clearly.

Eight irregular verbs have irregular affirmative command forms with *tú*. These are:

poner

Pon las manos sobre la mesa.	Put your hands on the table.

tener
¡**Ten** más cuidado!   Be more careful!

ir
Ve a la farmacia a recoger mi medicina.   Go to the pharmacy to pick up my medicine.

hacer
Paco, **haz** este análisis antes de los otros.   Paco, do this analysis before the others.

venir
Ven aquí.   Come here.

ser
Sé buen muchacho.   Be a good boy.

decir
Di lo que estás pensando.   Say what you're thinking.

salir
Sal por aquella puerta.   Leave through that door.

b) To form the *negative* command with *tú*, simply add *-s* to the command form for *usted*. This is true for both regular and irregular verbs.

Ejemplos

No **hables** más.	Don't talk anymore.
No **comas** tanto.	Don't eat so much.
No **escribas** en las paredes.	Don't write on the walls.
No **hagas** eso más.	Don't do that anymore.
No **tengas** miedo.	Don't be afraid.
No le **digas** nada.	Don't say anything to him/her.

6. Indirect Object Pronouns

You have already learned the indirect object pronouns *(me, te, le, nos, les)*, which were presented in Lesson 5 with the verb *gustar*. Indirect object pronouns are used to indicate *to whom* (or what) the action of the verb is done. Indirect object pronouns follow the same placement rules in Spanish as the direct object pronouns. That is, in statements of fact and questions, the indirect object pronoun normally precedes the verb.

Ejemplos

Me dan los resultados hoy.	They're giving (to) me the results today.
Le ponen dos inyecciones al día.	They give (to) him/her two shots a day.
¿**Me** haces un favor?	(Will) you do me a favor?

Exceptions to this word order are the same as for the direct object pronouns. When used with the infinitive and with the present participle, indirect object pronouns *may* be attached to the end.

Ejemplos

La enfermera está ponié**ndole** una inyección.   The nurse is giving him/her a shot.

o

La enfermera **le** está poniendo una inyección.

El dentista quiere sacar**le** las muelas
del juicio.

o

El dentista **le** quiere sacar las muelas
del juicio.

The dentist wants to remove her wisdom
teeth.

When used with affirmative commands, the indirect object pronouns *must* be added to
the end of the verb.

Ejemplos

Dele dos aspirinas a las cuatro.
Dígame la verdad.
Háblame de eso mañana.

Give him/her two aspirins at four.
Tell me the truth.
Talk to me about that tomorrow.

EJERCICIOS

A. Escriba la forma correcta del verbo entre paréntesis

1. El doctor dice que lo mejor es usar la píldora, pero Paco y yo no ___________. (querer)
2. El dentista ___________ que necesito una corona. (decir)
3. ¿(Yo) le ___________ hora a la recepcionista? (pedir)
4. ¿Cuándo ___________ vernos el doctor? (poder)
5. ___________ usted rigorosamente esta dieta. (seguir)
6. ¿A qué hora ___________ ustedes cita con el doctor? (tener)
7. (Nosotros) ___________ de las vacaciones el día 25. (volver)
8. Los padres de Ramón ___________ a visitarlo todos los días. (venir)
9. ¿___________ usted peso con facilidad? (perder (ie))
10. Hace frío en este cuarto. ¿Por qué no ___________ (tú) la ventana? (cerrar (ie))

B. Responda

Use the correct form of *acabar de* in your answers
to these questions.

Modelo: – ¿Vas a ver al médico esta tarde?
    ○ Acabo de verlo ahora.

1. ¿Vas a poner las inyecciones a las cuatro?
2. ¿Van (ustedes) a terminar los análisis mañana?

3. ¿Cuándo vuelve el doctor Sánchez?
4. ¿Cuándo salen los técnicos a almorzar?
5. ¿Cuándo va (usted) a preparar esa receta?
6. ¿Cuándo va Elena a cambiarle la venda al señor Ruiz?
7. ¿Cuándo ingresan a su esposa en el hospital?
8. ¿Cuándo vienen del laboratorio a recoger las muestras de sangre?

C. ¿Saber o conocer?

1. ¿___________ usted decirme dónde está el laboratorio?
2. Perdón, soy nueva en este hospital y aún no lo ___________ bien.
3. Usted no ___________ a mi esposo, ¿verdad (= *isn't that so*), doctor?
4. ¿No ___________ ustedes que las anfetaminas son peligrosas?
5. Todavía (nosotros) no ___________ la causa de sus síntomas.
6. Creo que el señor Díaz está en Radiología, pero no lo ___________ con seguridad.
7. ¿Todavía no has ___________ a la doctora Sáenz?
8. ¿___________ usted colocar (= *put in place*) una sonda?
9. ¿___________ ustedes bien este procedimiento?
10. Paco, ¿___________ (tú) el camino más corto al hospital?
11. Ramón, ¿___________ (tú) por qué tenemos que operarte?
12. Lo siento, pero (yo) no ___________ el número de teléfono de la clínica.

D. Mandatos
Change the following questions to commands, using *tú*.

Modelo: ¿Terminas pronto los análisis?
   Termina pronto los análisis.

1. ¿Sigues las instrucciones de la etiqueta?
2. ¿Vas a la farmacia ahora?
3. ¿Me haces un favor?
4. ¿Cierras la ventana?
5. ¿Pones las inyecciones a las cinco?
6. ¿Me dices la verdad?
7. ¿Vienes a mi oficina esta tarde?
8. ¿Le das a la señora Alvarez un par de aspirinas?
9. ¿Vuelves pronto?
10. ¿Sales a las seis?

Now repeat the exercise, changing your commands to the *usted* form.

E. Responda
Using *tú*, respond to each of the following questions with a negative command and an affirmative command. Use direct and indirect object pronouns whenever possible.

Modelo: – ¿Hago los ejercicios todos los días?
   ○ No, no los hagas todos los días.
   ○ No, hazlos tres veces a la semana.

1. ¿Te llamo a las siete?
2. ¿Los encuentro (a ustedes) en la sala de espera?
3. ¿Vengo a verte mañana?
4. ¿Vuelvo la semana que viene?
5. ¿Examino a la señorita Rodríguez ahora?
6. ¿Te espero en tu oficina?
7. ¿Preparo al señor Núñez ahora?
8. ¿Salgo por esta puerta?
9. ¿Hablo con el doctor luego?
10. ¿Guardo las jeringas en este cajón?

F. Reordene la frase
Reword the following sentences according to the models.

Modelo 1:   El dentista le está sacando la muela.
   El dentista está sacándole la muela.

Modelo 2:   El cirujano le va a operar el lunes.
   El cirujano va a operarle el lunes.

1. El técnico le está sacando sangre.
2. La enfermera le va a cambiar la sonda ahora.
3. Te estamos llevando a tu cuarto.
4. Le vamos a colocar un catéter en la vejiga.
5. No nos está diciendo la verdad (= *truth*).
6. Esto no le va a hacer daño.
7. Le tenemos que entablillar (= *splint*) el brazo.
8. Le acabo de inyectar el medio de contraste.
9. ¿Me puede explicar el procedimiento?
10. Le tenemos que sacar el bazo.
11. ¿Nos puede recomendar un buen cirujano?
12. El doctor Suárez le está componiendo (= *setting*) la fractura.

G. En el Servicio de Pediatría
Resolve each of the following "crises" with commands and/or simple explanations. Remember that you are addressing children.

1. Roberto está llorando porque su mamá no está con él. Tranquilícelo.
2. Elena tiene mucho dolor, pero también tiene miedo de la inyección que usted le tiene que poner para aliviarlo.
3. Manolito tiene el brazo roto, pero no quiere llevar cabestrillo. Explíquele por qué le hace falta.
4. Raúl es diabético y no debe comer dulces, pero usted lo ve comiendo caramelos (= *candy*).
5. Marcela tiene quemaduras graves en una pierna y hay que sumergirla dos veces al día en una solución especial para curarla. Marcela protesta mucho porque le duele.
6. Andrés tiene 15 años; mañana le van a sacar las cuatro muelas del juicio. Explíquele lo que va a pasar y déle algunas instrucciones sobre lo que debe (y no debe) hacer después.

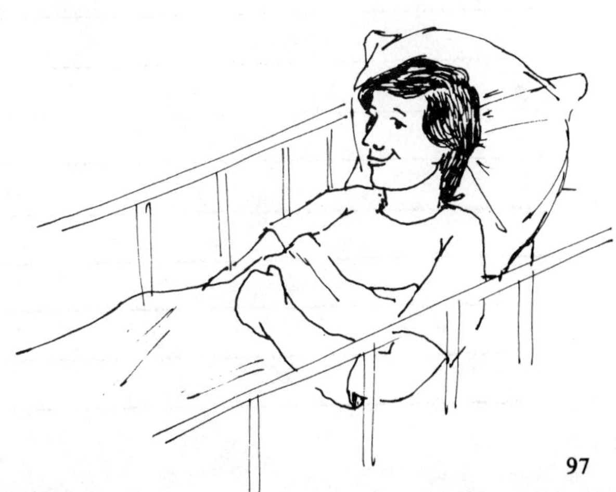

Diversión

Entrevista

Pase quince minutos entrevistando a un compañero de curso. Descubra durante ese tiempo lo más posible sobre esa persona, sus hábitos, sus antecedentes médicos, etc., etc. Luego permítale a su compañero entrevistarlo a usted. Finalmente, prepare con sus datos una presentación para exponerla ante la clase.

<table>
<tr><th>PREGUNTAS</th><th>RESPUESTAS</th></tr>
</table>

¿Qué pasa?

Escriba un diálogo o una descripción.

VOCABULARIO

SUSTANTIVOS
la **cita** appointment
el **consultorio** (medical) office
el **daño** harm, injury
el **dentista** dentist
el **empaste** filling
el **examen** examination
el **gas hilarante** laughing gas,
  nitrous oxide
la **inyección** injection
la **muela** tooth (molar)
la **novocaína** novocaine
la **puerta** door

ADJETIVOS
ambos/as both
completo/a complete
natural natural
ningún/a no, not . . . any
pequeño/a small
picado/a decayed
primer/a first

VERBOS
asentir (ie) to assent
beber to drink
conocer to know
decir to say, to tell
empastar to fill
intentar to try
parecer to seem
pedir (i) to ask for
poder (ue) to be able to
poner to put, place
preferir (ie) to prefer
querer (ie) to want
saber to know
salir to go out, to leave
saludar to greet
seguir (i) to follow
siéntate (*sentarse*) sit down
  (*fam.*)
tranquilizar to calm
venir to come
volver (ue) to return

ADVERBIOS
enseguida immediately, right
  away
luego later
poco después a little later

EXPRESIONES
asentir con la cabeza to nod
  one's head
ayer por la tarde yesterday
  afternoon
de acuerdo I agree
hacer daño to hurt
poner una inyección to give an
  injection
por primera vez for the first
  time
por si tiene in case she has
¿sabes? you know?

La Clinica De Familia
P.O. Drawer D
San Miguel, NM 88058

CAPÍTULO 10

Instrucciones al paciente, pruebas

Instrucciones a la nueva madre

La señora Zamorra (Z) acaba de dar a luz. Puesto que le ha dicho a su obstetra que piensa amamantar al recién nacido, viene una enfermera (E) a su cuarto para explicarle cómo debe proceder.

E: Dice el doctor Bedoya que usted piensa darle el pecho a su bebé. ¿Le explico lo que debe hacer?

Z: Sí, por favor. Este es mi primer hijo y me siento un poco nerviosa . . .

E: Es natural, pero no se preocupe. Primero, lávese bien los pezones con agua y un poco de jabón. Ahora, séquese bien. Siéntese allí en esa silla, por favor. Ahora le traigo a su hijo.

Z: ¿Cómo lo debo colocar?

E: Así, de esta forma. Recuerde que tiene que sostenerle la cabeza. ¿Está cómoda así? *(La señora asiente.)* Ahora, introdúzcale el pezón en la boca de esta manera. ¿Tiene alguna pregunta?

Z: ¿Debo seguir alguna dieta especial o evitar ciertas comidas?

E: Bueno, durante la lactancia tiene que alimentarse bien. Le conviene una dieta rica en hierro, pero variada. Debe evitar las bebidas alcohólicas y no debe fumar.

Z: ¿Y si me duelen los pechos?

E: Aplíquese toallas calientes dos o tres veces al día para aliviar el dolor.

y tratamientos

En el laboratorio

El señor Guerrero (G) se queja de trastornos gastrointestinales. Su médico lo ha mandado al laboratorio del hospital municipal para unos estudios de contraste. El técnico (T) le explica lo que tiene que hacer.

T: Buenas tardes, señor. Pase a este cubículo, por favor. Quítese la ropa, el reloj y el anillo. Luego póngase esta bata. Vuelvo enseguida a buscarlo. *(Pocos minutos después.)*

G: Perdón, ¿me quito los zapatos también?

T: No, no hace falta. Súbase a la mesa, por favor, y beba este líquido.

G: ¡Uf! ¡Qué mal sabe! ¿Tengo que beberlo todo? ¿Qué es?

T: Es una suspensión de bario. Sirve como medio de contraste. Si no usamos esto o algo parecido, los órganos internos no salen bien en las radiografías. Tenemos que sacarle varias radiografías desde diversos ángulos. Acuéstese boca arriba, por favor. Respire profundamente y aguante la respiración. Luego, no se mueva. *(Saca la radiografía.)* Ahora puede respirar normalmente. Acuéstese sobre el lado derecho, por favor. Ahora, levante el brazo izquierdo, doble el codo y mantenga el brazo en esta posición *(ayudándolo a colocar el brazo en la posición deseada)*. Bien, respire profundamente, aguante la respiración y no se mueva. *(Repite el procedimiento varias veces más.)*

T: Bueno, ya está. Puede sentarse si quiere.

G: ¿Puedo vestirme? Tengo mucho frío.

T: No todavía. Si las radiografías no han salido bien, tengo que repetirlas. Pero puede taparse con esta manta si quiere.

PREGUNTAS

1. ¿Por qué va la enfermera al cuarto de la señora Zamorra?
2. ¿Cómo se siente la señora? ¿Por qué?
3. ¿Cómo reacciona la enfermera?
4. ¿Qué es lo primero que debe hacer la señora antes de darle el pecho a su hijo?
5. ¿Qué debe recordar la señora?
6. ¿Qué clase de dieta le conviene?
7. ¿Qué cosas debe evitar la señora durante la lactancia?
8. ¿Qué debe hacer si le duelen los pechos?
9. ¿De qué se queja el señor Guerrero?
10. ¿Por qué va al hospital municipal?
11. ¿Qué debe quitarse?
12. ¿Por qué no le gusta al señor Guerrero el líquido que tiene que beber?
13. ¿Qué tiene el líquido y para qué sirve?
14. De las instrucciones del técnico al señor Guerrero, ¿cuál le parece la más importante? ¿Por qué?
15. ¿Puede vestirse enseguida el señor Guerrero?
16. ¿Qué le da el técnico al señor Guerrero?

VOCABULARIO VISUAL
Técnicas diagnósticas

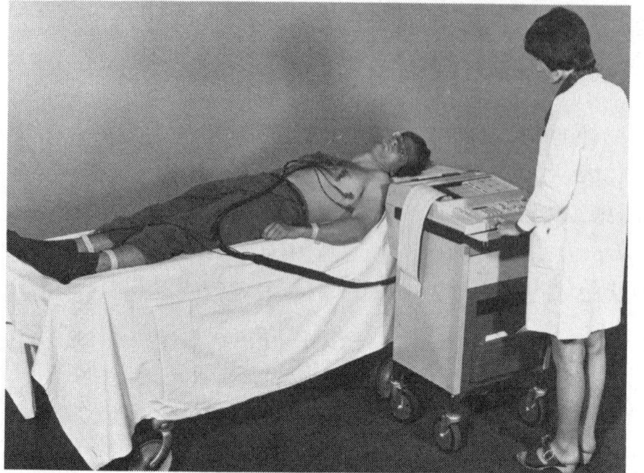

cardiografía

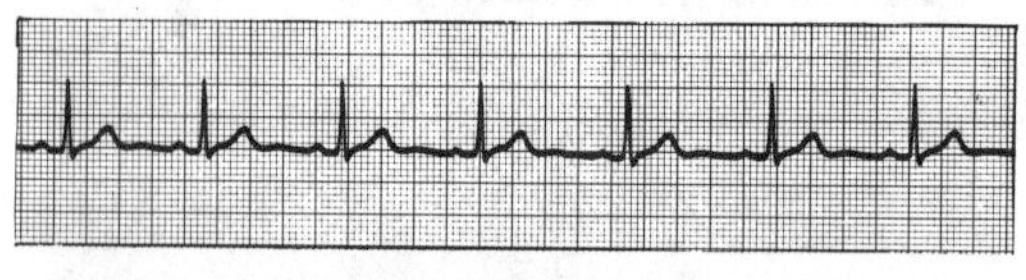
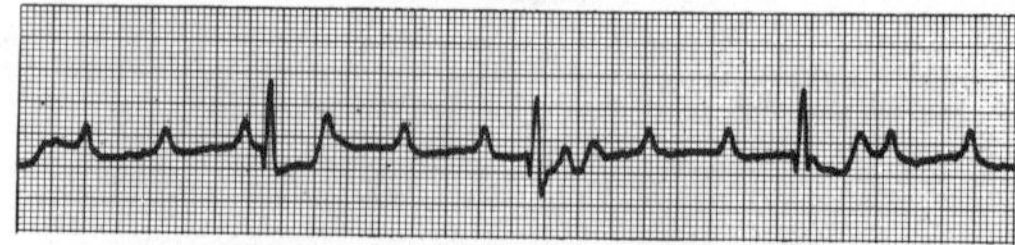
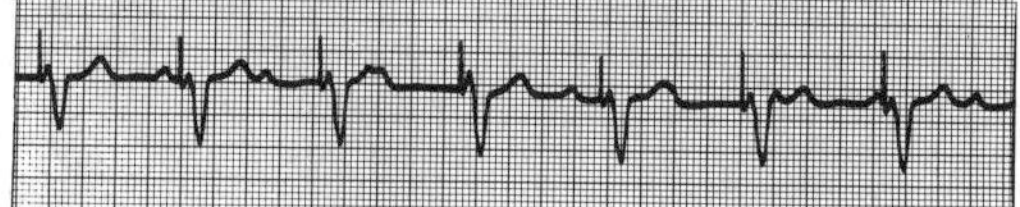

electrocardiograma

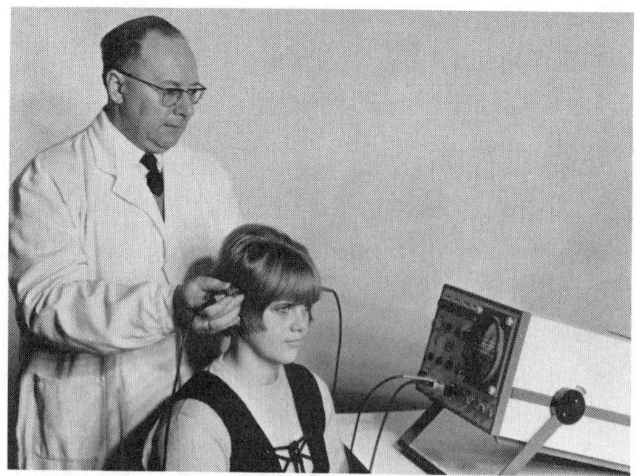

electroencefalografía

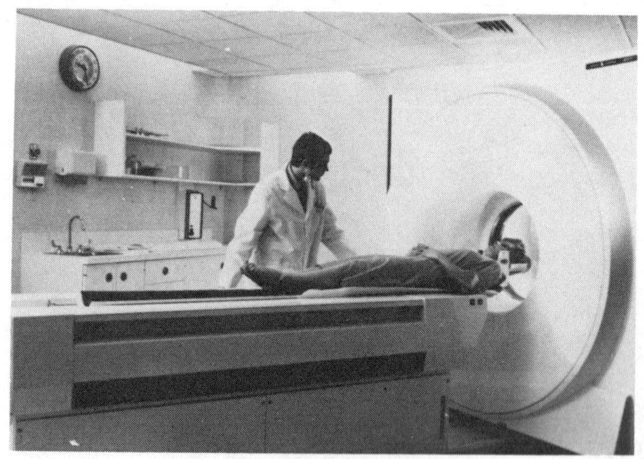

tomografía axial computarizada

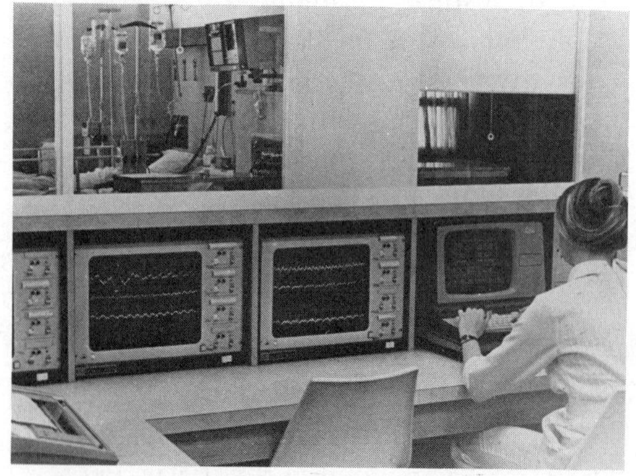

sistema de monitorización
unidad de cuidados intensivos

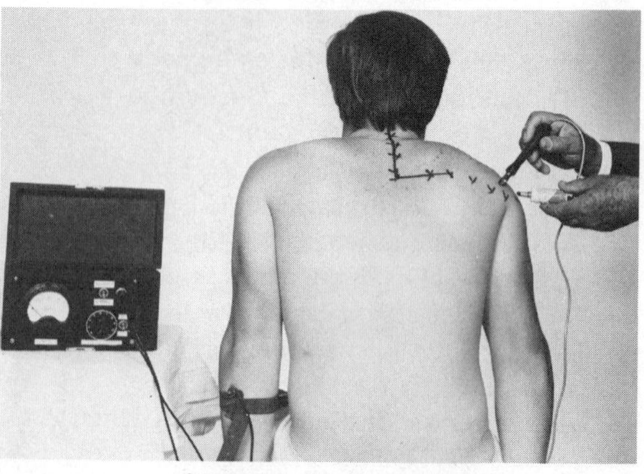

el trasmisor de ultrasonido

VOCABULARIO ESPECIALIZADO

la angiografía
la colposcopía
el cultivo (= culture)
  de orina
  de tejido (= tissue)
  medular (= marrow)
la endoscopía

los estudios de
  contraste
los estudios de
  metabolismo
el hemocultivo
  (= blood culture)
el mielograma

la prueba de
  Papanicolaou
la prueba de tolerancia
  a la glucosa
la prueba de Wasserman
la sigmoidoscopía
la termografía

Hematología

Cuadro hemático completo (CBC)
nivel de hematocrito
nivel de hemoglobina
nivel de leucocitos
nivel de eritrocitos
tiempo de sangría
tiempo de coagulación
tiempo de protrombina

nivel de nitrógeno ureico (BUN)
velocidad de sedimentación
nivel de glucosa en sangre
las células falciformes
  (= sickle cells)

LA LENGUA

1. **Verbos reflexivos**
   When the subject of a verb carries out the action the verb expresses on itself, the verb is said to be *reflexive*. The endings of reflexive verbs are formed according to the rules for other *-ar*, *-er* and *-ir* verbs, and a number of reflexive verbs are also stem-changing verbs. However, reflexive verbs require the use of the *reflexive pronouns* that correspond to each verb form, as illustrates below.

   lavarse (to wash oneself, to get washed)

   (yo) **me lavo**   (nosotros) **nos lavamos**
   (tú) **te lavas**
   (usted)   (ustedes)
   (él)   } **se lava**   (ellos)   } **se lavan**
   (ella)   (ellas)

   Reflexive pronouns follow the same placement rules as the direct and indirect object pronouns, as shown in the following examples.

   Ejemplos

   Me baño todos los días.   I bathe (myself) every day.
   Mi esposo **se levanta** a las seis.   My husband gets (himself) up at six.
   Nos acostamos normalmente a las once.   We usually go to bed at eleven.

Los niños están **lavándose**.	The children are getting washed.
El señor Díaz no quiere **acostarse**.	Mr. Díaz doesn't want to lie down.
Siéntese allí, por favor.	Sit there, please.
No **se levante**, por favor.	Don't get up, please.

2. Irregular Verbs

The following verbs all have an irregular form for the first person singular present tense.
One is stem-changing and another is irregular throughout.

poner (to put, place)

(yo) **pongo**	(nosotros) **ponemos**
(tú) **pones**	
(usted) (él) (ella) } **pone**	(ustedes) (ellos) (ellas) } **ponen**

traer (to bring)

(yo) **traigo**	(nosotros) **traemos**
(tú) **traes**	
(usted) (él) (ella) } **trae**	(ustedes) (ellos) (ellas) } **traen**

decir (i) (to say, tell)

(yo) **digo**	(nosotros) **decimos**
(tú) **dices**	
(usted) (él) (ella) } **dice**	(ustedes) (ellos) (ellas) } **dicen**

oír (to hear)

(yo) **oigo**	(nosotros) **oímos**
(tú) **oyes**	
(usted) (él) (ella) } **oye**	(ustedes) (ellos) (ellas) } **oyen**

3. Lo que

The expression *lo que* is equivalent to the English "what" whenever it may be interpreted as "that which". It is used to introduce a clause.

Ejemplos

| Debe hacer **lo que** le dice el médico. | You should do what the doctor tells you. |
| **Lo que** tiene que hacer es comer menos. | What you have to do is eat less. |

Lectura

Durante el embarazo . . .

Descanso. Descanse lo más posible. Es mejor descansar frecuentemente por ○cortos períodos ○mientras trabaja que tratar de hacer todo el trabajo ○de una vez para descansar después. Procure dormir 8 ó 9 horas cada noche. Acuéstese ○temprano y a la misma hora todos los días. No trate de hacerlo todo como antes de estar embarazada.

Ejercicio. La cantidad de ejercicio que le conviene depende del que hace en estado normal. El caminar es buen ejercicio; pero no lo debe hacer hasta el punto de fatigarse. Evite los ejercicios fuertes como el tenis, la ○natación, el ○montar a caballo y el ○baile. Puede ○seguir trabajando si su trabajo no ○exige grandes ○esfuerzos físicos. Si es posible, debe estar sentada mientras trabaja. Evite ○las escaleras, ya que una ○caída puede ocasionar graves daños.

Actitud mental. Si usted tiene alguna ○inquietud o dificultad, ○discútala con su médico. ○No se deje influir por opiniones de amigos que "sólo tratan de ayudarla". Lleve sus preocupaciones al médico.

Ropa. Los vestidos deben ser ○sueltos y, en lo posible, ○ligeros. No se ponga ○cinturones ○ajustados. No use ○faja sin consultar con el médico. Los zapatos deben ○quedarle bien, ser de consistencia ○fuerte y tener ○tacones ○anchos y de ○tamaño mediano. Su ○ajustador debe levantar los pechos, sin ○oprimirlos contra la ○pared torácica.

Higiene personal. Los baños muy calientes o muy fríos están estrictamente prohibidos. En los últimos meses del embarazo sólo deben tomarse duchas o ○baños de esponja. No se aplique ninguna clase de ○irrigación vaginal que no prescriba su médico.

Vocabulario

○*cortos*	short
○*mientras*	while
○*de una vez*	all at once
○*temprano*	early
○*la natación*	swimming
○*el montar a caballo*	horseback riding
○*el baile*	dancing
○*seguir trabajando*	keep on working
○*exige (exigir)*	demand, require
○*esfuerzos*	efforts
○*las escaleras*	stairs
○*caída*	fall
○*inquietud*	worry
○*discútala*	discuss it
○*no se deje influir*	don't let yourself be influenced
○*sueltos*	loose
○*ligeros*	light, lightweight
○*cinturones*	belts
○*ajustados*	tight
○*faja*	girdle
○*quedarle bien*	fit you well
○*fuerte*	firm
○*tacones*	heels
○*anchos*	wide
○*tamaño*	size
○*ajustador*	bra
○*oprimir*	to press
○*la pared torácica*	the wall of the chest
○*baños de esponja*	sponge baths
○*la irrigación vaginal*	douche

EJERCICIOS

A. Un día típico del señor Macías

Andrés Macías se despierta a las seis y se levanta enseguida.

Se cepilla los dientes . . .

se afeita . . .

y luego se ducha.

Después de vestirse y peinarse . . .

se desayuna . . .

y a las 7:30 se va a trabajar.

Normalmente, se marcha a su casa a las cinco, . . .

pero a veces se queda en la oficina hasta las 6:30.

Después de cenar, se pone el pijama, la bata y las zapatillas . . .

y se sienta a ver televisión.

Se acuesta normalmente a las 11:30, pero no se duerme hasta las 12:00.

Now describe a typical day in *your* life. _______________________

____

____

____

B. Complete las frases

Fill in the blanks with the correct form of the verb in parentheses. You may need to use more than one word.

1. ¿Tiene usted frío? ¿Le ___________ (yo) otra manta? (traer)
2. No ___________ (usted) la venda hasta el lunes. (quitarse)
3. ¿Perdón? Tengo una infección de oídos y no lo ___________ bien. (oír)
4. Sin el consentimiento del paciente, (nosotros) no le ___________ nada a la familia sobre la naturaleza (= *nature*) de su enfermedad. (decir)
5. ___________ (usted) la bata, por favor. (ponerse)
6. Yo no ___________ nunca. Prefiero ___________. (ducharse/bañarse)
7. Mi esposo no lo ___________; es sordo. (oír)
8. ¿Cuántas veces al día ___________ (tú) los dientes? (cepillarse)
9. ___________ (usted) toallas calientes y húmedas a la rodilla si le sigue doliendo. (aplicarse)
10. ___________ (tú) allí en esa silla, ¿quieres? (sentarse)
11. Sé que le pica la herida, pero no ___________. (rascarse)
12. Luis, apaga la televisión y ___________ ahora mismo. (acostarse)

C. Preguntas y respuestas

Match each question on the left to the best answer on the right. Draw a line between them.

1. ¿Dónde puedo sentarme?
2. ¿Le duele más al moverse?
3. ¿Cómo se siente usted hoy?
4. ¿Cuándo puedo marcharme del hospital?
5. ¿Dónde está el doctor Sánchez?
6. ¿Por qué no se acuesta usted un ratito?
7. ¿Te ha dicho el doctor a qué hora te va a operar?
8. ¿Desde cuándo tiene usted fiebre?
9. ¿Le ha dicho el doctor lo que tiene que hacer?
10. ¿Debo tomar las pastillas antes de comer?

(a) Dentro de unos días.
(b) Cuando estoy acostado no respiro bien.
(c) No, no me ha dicho nada todavía.
(d) Desde el jueves pasado.
(e) No, después de comer.
(f) Me siento muy cansado.
(g) En la sala de espera.
(h) Sí, pero no lo he entendido muy bien.
(i) No, me duele más cuando estoy acostada.
(j) En la sala de operaciones.

D. ¿Cuál es la pregunta?

Write a question that might elicit each answer.

1. Me lo lavo (el pelo) tres veces a la semana.
2. Sí, me acuesto siempre a las 11:30.
3. No, no se duerme hasta una hora después.
4. Me los he cepillado ya.
5. Porque le cuesta mucho trabajo respirar cuando está acostado.
6. No me siento muy cansado todavía.
7. Tiene ochenta y cinco años.
8. Le duele al acostarse, pero más todavía al levantarse.
9. No, nunca me he puesto ninguna (inyección).
10. Prefiero esperar hasta mañana.

E. Preparen unos diálogos

Trabaje con un compañero de clase. Sigan el modelo y usen los elementos dados.

Modelo: prueba/pielograma retrógrado/consistir
en/explicar
- – ¿Qué prueba me van a hacer mañana, señorita?
- ○ Un pielograma retrógrado. Es un estudio del sistema urinario.
- – ¿En qué consiste?
- ○ Vuelvo ahora mismo y le explico lo que le van a hacer.

1. colocar una sonda/doler/relajarse/poner/anestesia local
2. mi hijo/brazo roto/componer el hueso/firmar la autorización
3. dormirse/mirar la televisión/tarde/levantarse
4. operación/cálculo renal (= *kidney stone*)/disolver/medicina/inflamación

F. Explique lo que hay que hacer

Use commands and/or simple explanations to persuade the people in each situation to do what is necessary.

1. The happy father and grandparents have come to visit the new mother and her baby. Before entering the room, they must don surgical masks (= *máscaras*) and gowns (= *batas*) to protect the infant from infection.
2. In order to clear her lungs of phlegm and thus prevent pneumonia, Mrs. Zamorra should cough periodically.
3. You are in the recovery room trying to awaken Mr. Flores after surgery. What are you saying?
4. You have to convince an elderly lady to hold a difficult and uncomfortable position so that diagnostic X-rays may be taken.

G. Explíqueme lo que me va a pasar

This is the request made to you by a patient sent to your service for a fairly routine procedure (choose one that is familiar to you). Put the patient at ease and explain what is going to happen before, during, and after the procedure. Remember that the patient's main concerns are going to center on pain, disagreeable side effects, and other possible discomfort. Be honest but positive.

Diversión

Simón dice

Play a game of "Simon Says" in class, using plural commands (*levántense, siéntense, pónganse la mano izquierda en la cabeza*, etc.). Remember that the only valid commands are those preceded by "Simón dice".

¿Qué pasa?

Escriba un diálogo o una descripción.

aliviar   to relieve
amamantar   to nurse
aplicar(se)   to apply
colocar   to position
convenir   to be good for
dar a luz   give birth
doblar   to bend
evitar   to avoid
introducir   to introduce
lavarse   to wash
mandar   to send
mantener   to maintain, to keep
moverse   to move
ponerse   to put on
proceder   to proceed
quejarse de   to complain of, about
quitarse   to remove, to take off
recordar (ue)   to remember
repetir (i)   to repeat
respirar   to breathe
secarse   to dry
sentarse (ie)   to sit down
sostener   to support
subirse a   to climb up onto
taparse   to cover oneself
traer   to bring
vestirse (i)   to get dressed

ADVERBIOS
profundamente   deeply

EXPRESIONES
boca arriba   right side up, on your back
dar el pecho   to nurse
de esta forma/manera   in this way
le conviene/no le conviene   you need/you don't need
no hace falta   it's not necessary
¡qué mal sabe!   it tastes awful!
salir bien   to turn out well
¡uf!   yeck!
ya está   that's it, that's all

OTROS
puesto que   since

VOCABULARIO

SUSTANTIVOS
el **agua**   water
el **ángulo**   angle
el **anillo**   ring
el/la **bebé**   baby
las **bebidas alcohólicas**   alcoholic beverages
el **brazo**   arm
el **codo**   elbow
el **cubículo**   cubicle
los **estudios de contraste**   contrast studies
la **forma**   way
el **hierro**   iron
la **instrucción**   instruction
el **jabón**   soap
el **laboratorio**   laboratory
la **lactancia**   lactation, nursing
el **lado**   side
el **líquido**   liquid
la **manta**   blanket
el **medio de contraste**   contrast medium
la **mesa**   table
el/la **obstetra**   obstetrician
el **órgano**   organ
el **pecho**   breast
el **pezón**   nipple
la **posición**   position
la **pregunta**   question
la **prueba**   test
el **procedimiento**   procedure

el **recién nacido**   newborn
el **reloj**   watch
la **respiración**   breath, breathing
la **ropa**   clothing
la **suspensión de bario**   barium suspension
el **técnico**   technician
la **toalla**   towel
el **trastorno**   upset, disorder
el **tratamiento**   treatment
los **zapatos**   shoes

ADJETIVOS
caliente   hot
cierto/a   certain
cómodo/a   comfortable
derecho/a   right
especial   special
gastrointestinal   gastrointestinal
interno/a   internal
izquierdo/a   left
municipal   municipal, city
nervioso/a   nervous
parecido/a   similar
rico/a   rich
variado/a   varied

VERBOS
acabar de   to have just
aguantar   to hold
alimentarse   to eat (*lit.* to feed yourself)

CAPÍTULO 11

Operaciones

¿Cómo salió la operación?

El señor Andrade (A) espera ansiosamente en el pasillo junto a la puerta que conduce a las salas de operaciones. Sale el ginecólogo (G) y el señor Andrade se acerca para hablar con él.

A: Doctor, ¿cómo salió la operación?

G: Todo salió bien. Tuve que hacerle a su esposa una histerectomía completa, pero no encontré ninguna lesión cancerosa. Está ahora en la sala de recuperación.

A: ¡Cuánto me alegro! ¡Me dio un susto cuando tuvo esa última hemorragia! ¿Está despierta ya?

G: No del todo. Dijo unas pocas palabras, pero no las entendí.

A: ¿Cuándo puedo verla?

G: Dentro de una hora, más o menos. Puede esperarla en su cuarto si quiere.

A: Gracias por todo, doctor.

G: No hay de qué.

¿En qué consistió la operación?

La señora Muñoz (M) se despierta mientras el cirujano (C) le está tomando el pulso.

C: Buenos días, señora. Soy el doctor Suárez. La operé ayer por la mañana. ¿Cómo se siente?

M: Un poco floja . . . ¿Puede decirme lo que me hizo? No recuerdo muy bien lo que pasó. Todo sucedió tan de prisa . . .

C: Bueno, su esposo la trajo aquí a eso de las siete. Yo le puse una inyección para aliviarle un poco el dolor. Por eso recuerda poco lo que ocurrió después. Le hicimos unas radiografías y decidimos operarla enseguida.

M: ¿Y qué encontró? ¿En qué consistió la operación?

C: Encontré el conducto biliar completamente obstruido. Tuve que sacarle varias piedras, pero no se preocupe. Todo quedó bien. ¿Tiene mucho dolor? Puedo ponerle una inyección si quiere.

M: Sí, por favor, póngamela.

PREGUNTAS

1. ¿Qué hace el señor Andrade en el pasillo del hospital?
2. ¿Quién sale por la puerta?
3. ¿Qué le pregunta el señor Andrade al ginecólogo? ¿A quién se refiere?
4. ¿Qué hizo el ginecólogo a la señora Andrade?
5. ¿Adónde llevaron a la señora Andrade después de la operación?
6. ¿Entendió el ginecólogo lo que le dijo la señora?
7. ¿Cuándo puede el señor Andrade ver a su esposa?
8. ¿Dónde puede esperarla?
9. ¿A quién operó el doctor Suárez?
10. ¿La operó ese mismo día o el día anterior?
11. ¿Recuerda bien la señora lo que le pasó? ¿Por qué?
12. ¿A qué hora la llevó su esposo al hospital?
13. ¿Qué hizo entonces el cirujano?
14. ¿Cómo le encontró el conducto biliar al operar a la señora?
15. ¿En qué consistió la operación?
16. ¿Cómo quedó todo al final?

VOCABULARIO VISUAL

La sala de operaciones

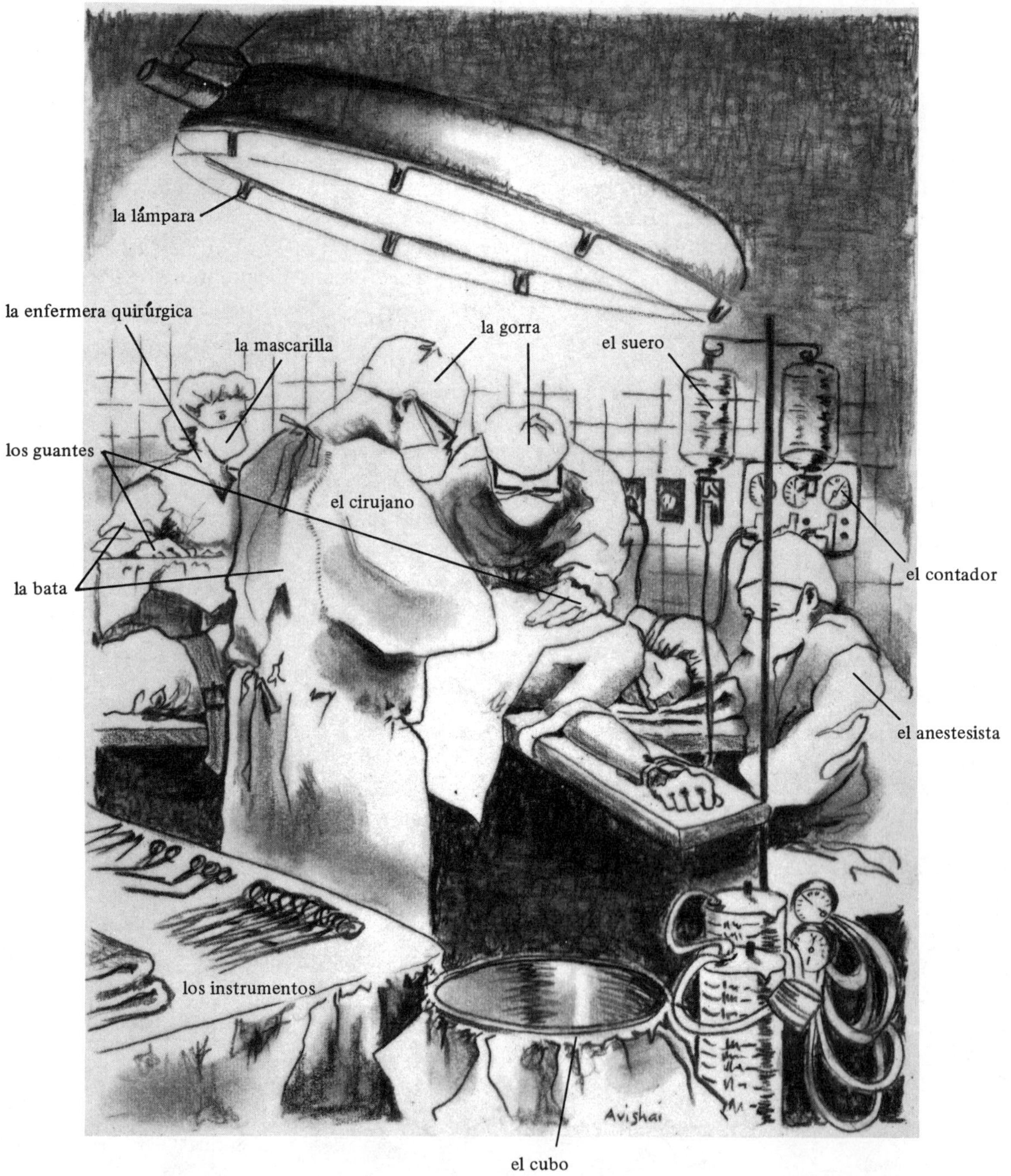

VOCABULARIO ESPECIALIZADO

Artículos comunes de la sala de operaciones

la aguja	needle	*la grapa*	clamp
el aparato de succión	suction apparatus	*los puntos*	stitches
el autoclave	autoclave	*el retractor*	retractor
el bisturí	scalpel	*la sierra*	saw
la cinta quirúrgica	surgical tape	*las suturas*	sutures
el escalpelo	scalpel	*las tenazas*	tongs
la esponja	sponge	*la toalla*	towel
la gasa	gauze	*el trépano*	drill
el goteo	(IV) drip	*los tubos*	tubing

Operaciones comunes

el aborto	abortion	*el injerto*	graft
la amigdalectomía	tonsilectomy	*de médula ósea*	bone
la amputación	amputation	*de piel*	skin
la apendicectomía	appendectomy	*la laparotomía*	laparotomy
la biopsia	biopsy	*la laringectomía*	laringectomy
la cesárea	caesarean	*el legrado*	dilation and curettage
la circuncisión	circumcision	*la ligación de trompas*	tubal ligation
la cirugía plástica (o cosmética)	plastic surgery	*la mastectomía*	mastectomy
		la mastoidectomía	mastoidectomy
la cirugía torácica	thoracic surgery	*la nefrectomía*	nephrectomy
la colecistectomía	cholecystectomy	*la prostatectomía*	prostatectomy
la colostomía	colostomy	*la reducción de una hernia*	hernia surgery
la corrección del estrabismo	strabismus correction		
		la rinoplastia	rhinoplasty
la episiotomía	episiotomy	*la simpatectomía*	sympathectomy
la extirpación de cataratas, etc.	(surgical) removal of cataracts, etc.	*la tiroidectomía (la tiroides)*	thyroidectomy (thyroid gland)
la gastrectomía	gastrectomy	*el transplante*	transplant
la hemorroidectomía	hemorrhoidectomy	*de córnea*	corneal
la histerectomía	hysterectomy	*renal*	kidney
la ileostomía	ileostomy	*la traqueotomía*	tracheotomy
la implantación de un marcapasos, etc.	implantation of a pacemaker, etc.	*la vasectomía*	vasectomy
		la yeyunectomía	jejunectomy

LA LENGUA

1. El pretérito

The preterite tense is one of several tenses used to express in Spanish events that have taken place in the past. The preterite is used when the action was completed at a definite time in the past and had a definite duration.

a) *Regular verbs*

The endings for regular *-ar, -er* and *-ir* verbs in the preterite are as follows:

hablar	**entender**	**decidir**
(yo) **hablé**	(yo) **entendí**	(yo) **decidí**
(tú) **hablaste**	(tú) **entendiste**	(tú) **decidiste**
(usted) (él) (ella) } **habló**	(usted) (él) (ella) } **entendió**	(usted) (él) (ella) } **decidió**
(nosotros) **hablamos**	(nosotros) **entendimos**	(nosotros) **decidimos**
(ustedes) (ellos) (ellas) } **hablaron**	(ustedes) (ellos) (ellas) } **entendieron**	(ustedes) (ellos) (ellas) } **decidieron**

Note that the preterite endings for *-er* and *-ir* verbs are the same for all persons.

b) *Irregular verbs*

Many of the verbs that have one or more irregular forms in the present tense also present irregularities in the preterite. Here are the preterite forms of a number of irregular verbs.

> **dar:** di, diste dio, dimos, dieron
> **decir:** dije, dijiste, dijo, dijimos, dijeron
> **estar:** estuve, estuviste, estuvo, estuvimos, estuvieron
> **hacer:** hice, hiciste, hizo, hicimos, hicieron
> **ir:** fui, fuiste, fue, fuimos, fueron
> **oír:** oí, oíste, oyó, oímos, oyeron
> **poder:** pude, pudiste, pudo, pudimos, pudieron
> **poner:** puse, pusiste, puso, pusimos, pusieron
> **querer:** quise, quisiste, quiso, quisimos, quisieron
> **saber:** supe, supiste, supo, supimos, supieron
> **ser:** fui, fuiste, fue, fuimos, fueron
> **tener:** tuve, tuviste, tuvo, tuvimos, tuvieron
> **traer:** traje, trajiste, trajo, trajimos, trajeron
> **venir:** vine, viniste, vino, vinimos, vinieron

Ejemplos

¿Me **llamó** usted antes?	Did you call me before?
Sí, lo **llamé** a eso de las tres.	Yes, I called you around three.
¿Qué te **dijo** el médico?	What did the doctor tell you?
Me **dijo** que debo dejar de fumar.	He told me I should quit smoking.
¿Cuándo le **pusiste** la inyección a la señora Gómez?	When did you give Mrs. Gomez her shot?
Se la **puse** a las cuatro.	I gave it to her at four.

2. Direct and Indirect Object Pronouns and Their Placement

When an indirect object pronoun and a direct object pronoun are used in the same sentence, the indirect object pronoun always precedes the direct object pronoun.

Ejemplos

¿Quién le dio la pastilla?	Who gave you the pill?
Me la dio la señorita Martínez.	Miss Martinez gave it to me.
¿No te han sacado sangre?	Didn't they take any blood from you?
No, van a sacár**mela** ahora.	No, they're going to take it (from me) now.

When both object pronouns are third person (singular or plural), the indirect object pronoun (*le* or *les*) becomes *se*.

Ejemplos

¿Le has cambiado la venda a la señora Montero?	Did you change Mrs. Montero's bandage?
No, **se la** voy a cambiar ahora.	No, I'm going to change it (for her) now.
¿Cuándo nos traen la cena?	When are they going to bring us dinner?
Se la van a traer ahora.	They're going to bring it to you now.
¿Quién le dio las aspirinas al señor Tirado?	Who gave Mr. Tirado the aspirins?
Se las di yo.	I gave them to him.

Lectura

Conceptos populares de la enfermedad*

En toda la América Latina, los campesinos ∘se aferran a los ∘antiguos conceptos populares acerca de los orígenes de diversas enfermedades. ∘En su mayoría, éstos no tienen ∘validez científica, pero pueden resultar de interés para aquellos que entran con frecuencia en contacto con personas que creen fervorosamente en ellos.

Aire, mal aire. Catarro o virus que afecta ∘tanto a los niños como a los adultos. Los síntomas incluyen dolores de diversa ∘índole, calambres y, en algunos casos, parálisis parcial o total.

Mal de ojo. Conjuntivitis, otras infecciones del ojo y, en general, ∘cualquier trastorno que afecte visiblemente a este órgano.

(continúa)

---

*Adapted from the *Health Manual* of the California Department of Public Health.

Vocabulario

∘*se aferran*	hold to (belief)
∘*antiguos*	old, ancient
∘*en su mayoría*	for the most part
∘*validez científica*	scientific validity
∘*tanto . . . como . . .*	. . . as well as . . .
∘*índole*	nature
∘*cualquier*	any

(continúa)

Bilis. Manifestación producida por el miedo, la ira o cualquier tipo de ○sobresalto. Según las ○creencias populares, un "○derrame de la bilis" puede causar ictericia.

Muchas creencias populares están relacionadas con el embarazo y con el recién nacido. Entre ellas figuran:

Cucho, comido de la luna. Término ○empleado para referirse a los que ○nacen con ○labio leperino, defecto atribuido a un eclipse de la ○luna durante el embarazo.

Mollera caída. Lesión de la fontanela, producida por movimientos ○bruscos o ○caídas. Causa ○supuesta de diarrea y fiebre en las víctimas.

Chipil, chípili, niño chipil. Términos empleados para referirse al estado emocional de un niño ○cuya madre está embarazada o acaba de dar a luz. El "niño chipil" típico ○se porta mal, llora con frecuencia y come poco.

Chincual. Tipo de urticaria que afecta al recién nacido. Según la ○sabiduría popular, las madres de los ○afligidos comieron demasiados chiles u otros condimentos ○picantes durante el embarazo.

Algunos conceptos populares sobre el origen de las enfermedades están basados en la creencia aún muy ○difundida en el poder de los ○hechizos. Los ○brujos y ○espiritistas tienen todavía un ○papel muy importante en las zonas rurales, como evidencian las siguientes creencias.

Un mal puesto. Término que ○abarca una ○amplia gama de síntomas y enfermedades. ○Se considera que éstos ○se deben a la manipulación de ○fuerzas sobrenaturales. Los ○creyentes ○achacan la tuberculosis, la ○locura y muchas otras enfermedades crónicas a la ○brujería y recurren a ella para curarlas.

Ojo, mal ojo. Término empleado para explicar una enfermedad de la niñez caracterizada por diarrea, somnolencia y llanto. Según la superstición, el enfermo es víctima de la fuerza de la ○mirada de otro que lo ha contemplado con deseo o con un exceso de admiración por su ○belleza física.

Empacho. Ataque muy fuerte de indigestión. Según los "○cuentos de viejas", la causa es una comida "pesada" o "mala" que ○se adhiere a las paredes intestinales o estomacales.

○*sobresalto*	start, shock
○*creencias*	beliefs
○*derrame*	spilling, discharge
○*empleado*	employed, used
○*nacen*	are born
○*labio leperino*	harelip
○*luna*	moon
○*bruscos*	sudden, violent
○*caídas*	falls
○*supuesta*	supposed
○*cuya*	whose
○*se porta mal*	misbehaves
○*sabiduría popular*	popular wisdom
○*afligidos*	afflicted
○*picantes*	spicy, "hot"
○*difundida*	widespread
○*hechizos*	spells
○*brujos*	witches, warlocks
○*espiritistas*	spiritualists
○*papel*	role
○*abarca*	covers
○*amplia gama*	wide range
○*se considera*	it is considered
○*se deben*	are due
○*fueras sobre- naturales*	supernatural forces
○*creyentes*	believers
○*achacan*	attribute
○*locura*	insanity
○*brujería*	witchcraft
○*mirada*	gaze
○*belleza*	beauty
○*cuentos de viejas*	old wives' tales
○*se adhiere*	adheres

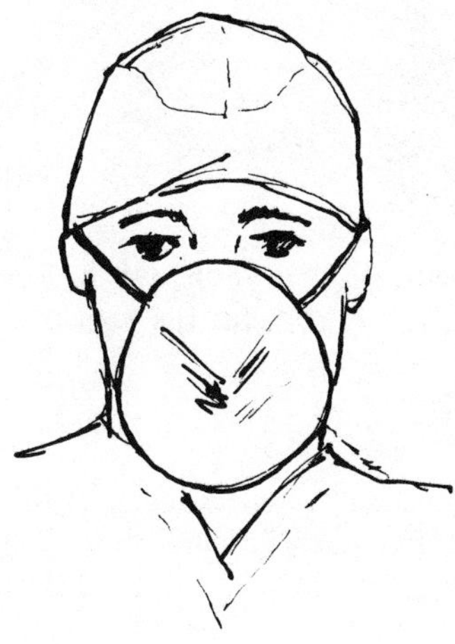

EJERCICIOS

A. El pretérito
Change the verbs in the following sentences from present to preterite. Also, be sure to make any other changes required.

Modelo: Me operan mañana.
   Me operaron ayer.

1. Después de comer le afeito.
2. Esta noche vienen a visitarme.
3. Mañana tengo más tiempo para hacerlo.
4. Voy a ver al doctor el lunes.
5. Me pone la inyección a las ocho.
6. Traen la cena a las seis.
7. Los niños comen a las doce.
8. No entro porque no quiero despertarla.
9. La semana que viene, voy a mi casa.
10. Por la tarde el doctor no está en la clínica.
11. No puedo mover el brazo.
12. Su esposo tiene que firmar también.
13. Hoy trabajo hasta las seis.
14. ¿A qué hora se levanta usted?
15. Estoy en el laboratorio.
16. ¿Quién es su médico familiar?
17. Mi madre se pone (= *becomes*) peor después de los tratamientos.
18. El chocolate me hace daño.
19. Las aspirinas me causan dolor de estómago.
20. ¿Qué te dicen los médicos?

B. Responda
Answer the questions using both a direct and an indirect object pronoun.

Modelo: – ¿Dónde le puse la última inyección?
   ○ Me la puso en el brazo izquierdo.

1. ¿A qué hora nos traen la cena?
2. ¿Me da un vaso de agua, por favor?
3. ¿Cuándo va a cambiarle la sonda al señor Ramírez?
4. ¿Quién le dijo eso a usted?
5. ¿Le hago el empaste hoy o la próxima vez?
6. ¿No le han tomado la presión todavía?
7. ¿Dónde te dejaron la ropa?
8. ¿Quién le examinó el brazo?
9. ¿Cuándo me van a mandar la cuenta?
10. ¿Le enseño las radiografías al doctor Ruiz?
11. ¿Quién le ha traído estas flores?
12. ¿Debo quitarle la venda?
13. ¿Le pongo la inyección en el lado izquierdo o en el derecho?
14. ¿Cuándo me van a quitar la escayola?
15. ¿Quién le recetó esta medicina?
16. ¿A quién debo pedir esa información?
17. ¿Quiénes van a lavarle el pelo a la señora Moya?
18. ¿Quién me puede firmar esta autorización?
19. ¿Quién le cuida a su hija por la tarde?
20. ¿Le ha explicado alguien lo que le vamos a hacer?

C. Responda
Answer the following questions with a command. Use the direct and indirect object pronouns when possible. Assume you are referring throughout to a third person.

Modelo: – ¿Le doy los resultados ahora?
   ○ Sí, déselos.

1. ¿Le cambio las sábanas ahora?
2. ¿Le quito la camisa?
3. ¿Le saco la muestra de sangre ahora?
4. ¿Le llevo las aspirinas al señor Sánchez?
5. ¿Le tomo la temperatura antes del almuerzo?
6. ¿Le bajo el pie de la cama?
7. ¿Le subo el desayuno ahora?
8. ¿Le enseño los ejercicios esta tarde?

D. Preparen el diálogo

Trabaje con un compañero de clase en la preparación de este diálogo.

Enfermera

You respond to a bell and ask what the patient wants.

You check the patient's chart and find that (s)he (theoretically) received a shot an hour and a half ago. You so inform her/him.

You say that you'll check with the other nurse to make sure the shot was not administered.

You return to the room after checking with the other nurse and inform the patient that she has told you she didn't give the shot because she didn't want to wake the patient.

You reply that you'll give it to him/her right away.

Paciente

You tell the nurse that your leg is hurting and you'd like another shot for the pain.

Tell the nurse you've been asleep for three hours and nobody has given you any shots.

You again assure the nurse that nobody gave it to you.

You answer that that's right and that what woke you was the pain. You ask when she can give you the shot.

E. Preparen el diálogo

Internista

You have just found out your patient is scheduled for surgery on the following day to remove some kidney stones. You ask why.

You interrupt to answer that you know, that you looked at the X-rays this afternoon, but that you think the operation is too dangerous because of the patient's high blood pressure.

You ask if the surgeon believes the patient's ureter is obstructed.

Cirujano

You respond that there are several fairly large stones and a few small ones in the right kidney . . .

You respond that you are aware of the blood pressure problem, but that the patient had an episode of severe pain this afternoon and became so frightened that his/her blood pressure rose even higher.

You say yes, because you told the patient to use the bedpan at all times and call the nurse each time he/she urinates. When the urine thus obtained was analyzed there was no evidence of a stone.

Ask if it is possible to wait another day or two.
Say that you want to try to stabilize (= *estabilizar*)
the patient's condition before surgery.

Respond that you feel it's too dangerous to wait.

Agree reluctantly.

F. Explique la situación

Explain each of the following situations to the patient, who is under your care.

1. Mr. Rodrigo has all the symptoms of a blood
   clot which may be nearing the heart. You want
   to do an angiogram to determine where it is.
   Explain your reasons for wanting to do this test,
   the dangers involved, and the possible outcome.

2. Mrs. Vásquez is reluctant to sign the authoriza-
   tion allowing you to remove her son's spleen.
   You have determined that the spleen was rup-
   tured in an accident in which the boy was involved several hours ago. The boy's father can-
   not be reached. Explain the possible conse-
   quences of further delay to Mrs. Vásquez.

3. X-ray studies have shown that your patient's
   thyroid is enlarged and hyperactive. This condition, known as goiter (= *bocio*), can normally
   be treated with medication, but X-rays have
   shown a small shadow on one side of the thyroid, which you believe to be a tumor. Explain
   why you want to operate, your options during
   surgery and the possible outcome.

4. Your patient's newborn son has been determined to have Tay-Sach's disease. Explain what
   this involves and be sure to elaborate in great
   detail the dietary limitations that must be ob-
   served in order to avoid future recurrence of
   the symptoms.

Diversión

Find and circle as many words as you can. Words may run horizontally, vertically, and up or down diagonally.

H	U	T	N	W	J	Q	Y	C	O	M	O	D	O	L
R	E	C	E	T	A	C	G	O	D	O	L	O	R	H
G	U	R	M	H	N	E	K	M	T	S	E	F	E	F
A	D	S	I	P	E	L	O	E	T	Z	H	T	J	K
I	C	O	N	D	O	N	M	R	P	Y	G	A	A	N
A	D	O	H	Q	A	O	T	X	I	S	U	L	W	V
F	E	L	S	J	C	A	R	C	I	N	O	M	A	M
M	I	G	U	T	E	R	O	T	N	P	A	O	O	G
I	R	R	I	T	A	C	I	O	N	Y	U	L	T	Z
W	I	Q	Y	E	F	R	I	L	N	U	J	O	M	K
C	M	O	S	P	T	Q	S	S	M	P	S	G	G	C
M	A	U	N	R	O	S	Y	E	Z	E	O	O	I	M
N	A	L	A	H	E	G	P	J	U	N	N	S	A	H
N	P	Q	O	B	C	M	Z	H	Y	N	D	M	R	A
U	L	F	E	R	A	A	L	I	V	I	A	R	O	C

¿Qué pasa?

Prepare un diálogo o una descripción.

VOCABULARIO

SUSTANTIVOS
el **conducto** duct, canal
la **esposa** wife
el **esposo** husband
la **hemorragia** hemorrhage
la **histerectomía** hysterectomy
la **lesión** lesion, wound
la **palabra** word
la **piedra** stone
el **pulso** pulse
la **sala de operaciones** operating room
la **sala de recuperación** recovery room
el **susto** scare, fright

ADJETIVOS
biliar bile
canceroso/a cancerous
despierto/a awake
flojo/a weak
obstruido/a obstructed

VERBOS
acercarse to approach
alegrarse to be glad
conducir (a) to lead (to)
consistir (en) to consist (of)
despertarse (ie) to wake up
encontrar (ue) to find
entender (ie) to understand
operar to operate
quedar to turn out
suceder to happen

ADVERBIOS
ansiosamente anxiously
completamente completely

EXPRESIONES
no del todo not completely
tan de prisa in such a hurry
a eso de las siete at about seven o'clock

CAPÍTULO 12

Un caso de urgencia

El paramédico

Ha ocurrido un accidente entre dos coches. Llega la ambulancia con dos paramédicos. Los pasajeros de uno de los coches sólo hablan español. Uno de los paramédicos (P) conoce bien el español y es él que atiende al herido (H) y a la esposa de éste (E).

E: *(Trata de poner su abrigo debajo de la cabeza de su esposo, a modo de almohada.)* ¡Ay, señor! ¡Ayude a mi esposo, que está muy mal!

P: Déjeme ver, señora. Apártese un poco, por favor. No debemos moverlo antes de examinarlo. *(Habla al esposo.)* ¿Qué le pasa? ¿Tiene usted dolor en alguna parte?

H: Me duele mucho la pierna derecha. Creo que está rota.

P: Tengo que moverla un poco para inmovilizarla. Le va a doler bastante durante unos segundos. *(Le inmoviliza la pierna.)* ¿Le duele más ahora?

H: No mucho. Igual que antes.

E: *(muy nerviosa)* ¿Puedo ayudarlo en algo?

P: No, gracias. No se preocupe, señora. Su esposo no tiene nada grave.

La embarazada

Llegan dos paramédicos buscando a una señora que ha llamado al cuartel de bomberos pidiendo ayuda. Cuando la encuentran parece estar a punto de dar a luz. La señora (S) sólo habla español. Afortunadamente, uno de los paramédicos (P) entiende bien el español.

P: ¿Desde cuándo siente usted los dolores de parto, señora?

S: Desde hace una hora.

P: ¿Con qué frecuencia los tiene ahora?

S: Cada dos minutos o así.

P: Muy bien. Acuéstese aquí en el suelo, por favor.

S: Pero, ¿no vamos al hospital?

P: Creo que ya es tarde. Tengo que examinarla para saberlo con seguridad. Doble las rodillas y separe las piernas, por favor. *(La examina detenidamente.)* Efectivamente, no podemos llegar al hospital a tiempo.

S: Pero, ¿va todo bien?

P: Sí, todo va bien. Mantenga las piernas en esta posición. Al notar los dolores de nuevo, trate de empujar.

(El parto se desarrolla sin complicaciones. Media hora después nace el niño y los paramédicos llevan a ambos, madre e hijo, al hospital.)

PREGUNTAS

1. ¿Qué ha ocurrido?
2. ¿Cómo llegan los paramédicos?
3. ¿Quiénes hablan sólo español?
4. ¿Qué está tratando de hacer la señora cuando se acerca el paramédico?
5. Según la señora, ¿cómo está su esposo?
6. ¿Está bien mover a un herido antes de examinarlo?
7. ¿Qué le duele al herido?
8. ¿Qué tiene que hacerle el paramédico?
9. ¿Le duele más la pierna al herido?
10. ¿Cómo se siente la esposa del herido?
11. ¿Qué le dice el paramédico a la esposa para calmarla?
12. ¿Por qué llama la embarazada al cuartel de bomberos?
13. ¿Desde cuándo siente los dolores de parto?
14. ¿Con qué frecuencia los tiene?
15. ¿Qué tiene que hacer la señora?
16. ¿Por qué no van al hospital?
17. Cuando el paramédico la examina, ¿qué tiene que hacer la señora?
18. Al sentir los dolores de parto, ¿qué debe hacer la señora?
19. ¿Cómo se desarrolla el parto?
20. ¿Cuándo nace el niño?

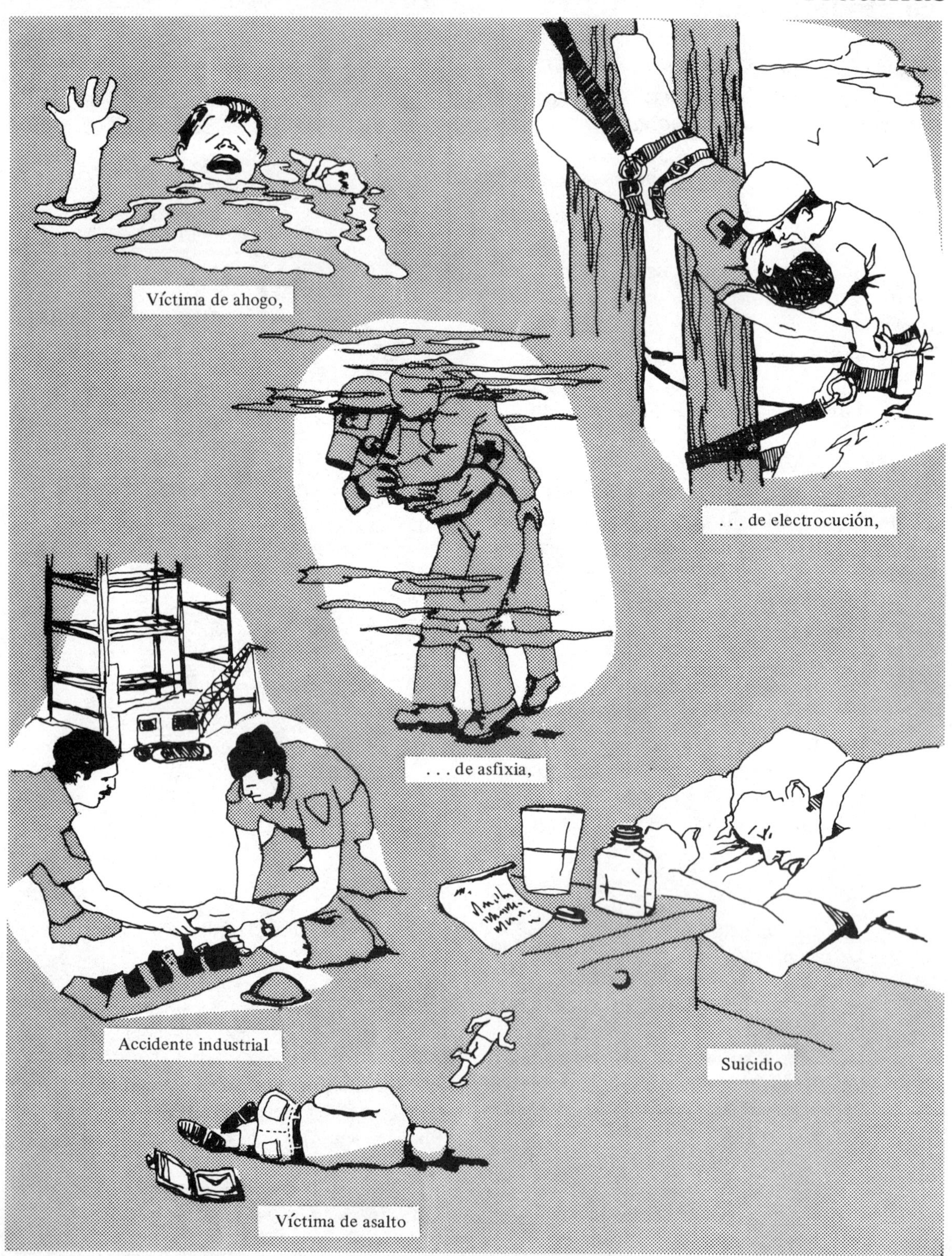
Víctima de ahogo,
. . . de electrocución,
. . . de asfixia,
Accidente industrial
Suicidio
Víctima de asalto

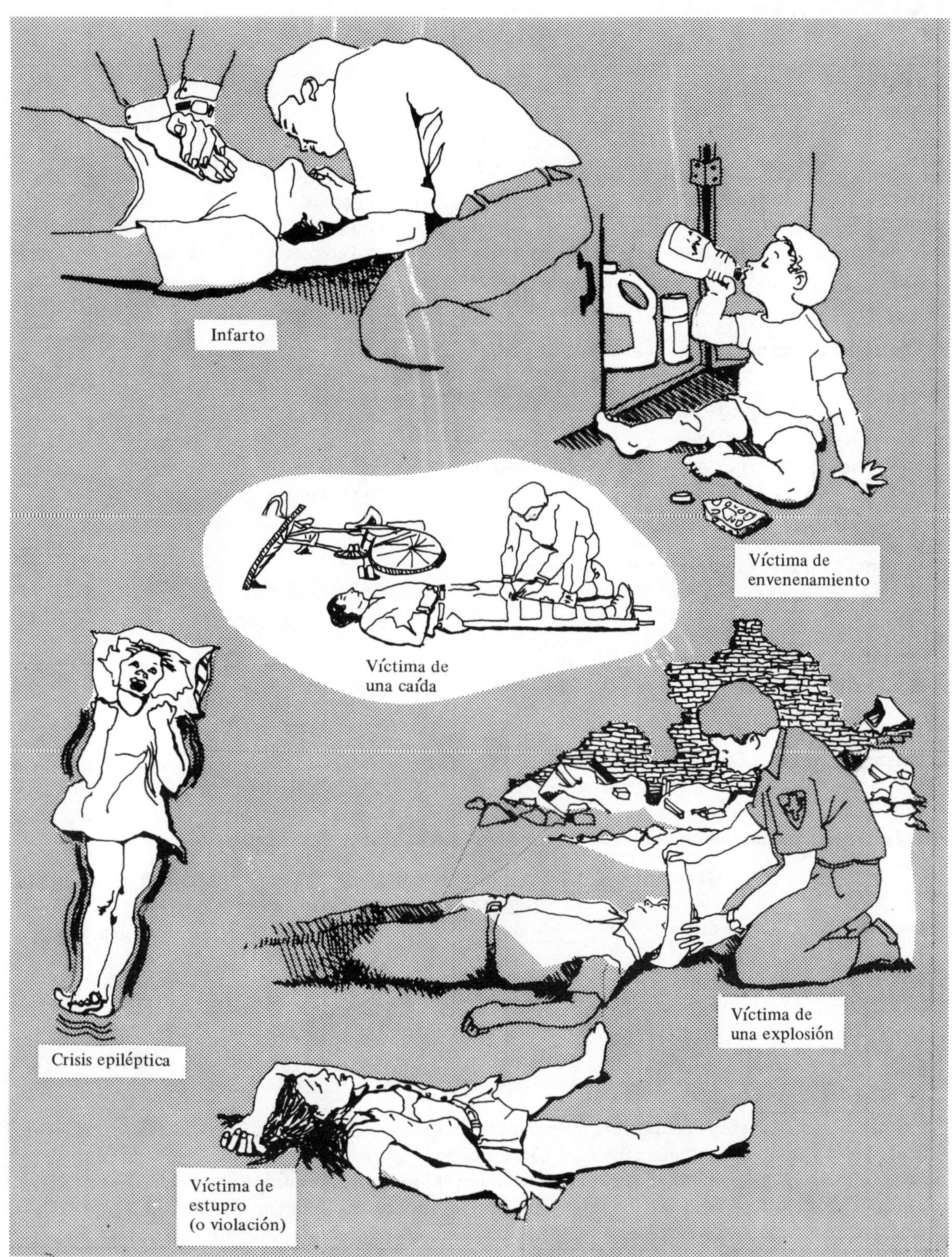

Infarto
Víctima de envenenamiento
Víctima de una caída
Crisis epiléptica
Víctima de una explosión
Víctima de estupro (o violación)

LA LENGUA

VERBS

1. Command Forms of Regular Verbs

	usted	ustedes	tú	
	(neg.) aff.	*(neg.) aff.*	*negative*	*affirmative*
tomar	(no) tome	(no) tomen	no tomes	toma
comer	(no) coma	(no) coman	no comas	come
escribir	(no) escriba	(no) escriban	no escribas	escribe

2. Command Forms of Regular Stem-Changing Verbs

	usted	ustedes	tú	
	(neg.) aff.	*(neg.) aff.*	*negative*	*affirmative*
cerrar (ie)	(no) cierre	(no) cierren	no cierres	cierra
volver (ue)	(no) vuelva	(no) vuelvan	no vuelvas	vuelve
pedir (i)	(no) pida	(no) pidan	no pidas	pide

3. Command Forms of Reflexive Verbs

marcharse

	usted	ustedes	tú
negative	no se marche	no se marchen	no te marches
affirmative	márchese	márchense	márchate

4. Command Forms of Certain Irregular Verbs

The command forms for all irregular verbs presented in this text can be found in the Appendix at the end of the book. However, six verbs that have an irregular first person singular form in the present tense and also have irregular command forms follow a discernible pattern. These verbs are:

	yo (present)	tú (commands)		usted(es) commands
		affirmative	*negative*	*(neg.) aff.*
decir (i)	digo	di	no digas	(no) diga(n)
hacer	hago	haz	no hagas	(no) haga(n)
poner	pongo	pon	no pongas	(no) ponga(n)
salir	salgo	sal	no salgas	(no) salga(n)
tener (ie)	tengo	ten	no tengas	(no) tenga(n)
venir (ie)	vengo	ven	no vengas	(no) venga(n)

Note that all but one of the affirmative *tú* commands are formed by dropping *-go* from the first person singular present tense and retaining the root. The exception, *haz*, consists of the phonetic root of the infinitive form *hacer.* To form all of the remaining command forms, simply drop the *-o* from the first person singular present tense and add the proper endings: *-as* for negative commands with *tú; -a* for positive and negative commands with *usted*; and *-an* for positive and negative commands with *ustedes.*

PRONOUNS

5. Subject, Object and Reflexive Pronouns and Their Placement

Subject	Reflexive	Indirect Object	Direct Object
yo	me	me	me
tú	te	te	te
usted			lo, la
él	se	le*	lo
ella			la
nosotros/as	nos	nos	nos
ustedes			los, las
ellos	se	les*	los
ellas			las

The reflexive, indirect object and direct object pronouns are presented here in the order (from left to right) in which they must appear when any two types are used in combination in the same sentence. No more than two types will ever be used in any given sentence.

Ejemplos

Me lo lavó esa señorita.	That young lady washed it for me.
Me lo lavé esta mañana.	I washed it (myself) this morning.
Se lo llevó a su casa.	He took it home with him.
***Se lo** di ayer.	I gave it to him yesterday.

Note: Remember that the indirect objects *le* and *les* become *se* when used in conjunction with any of the third person direct object pronouns.

EJERCICIOS

A. Reescriba las frases

Replace the words in italics with a pronoun according to their function.

Modelo: Me puse *la inyección* a las cuatro.
Me *la* puse a las cuatro.

1. Ya le subí *la cena* al señor Romero.
2. No me sacaron *las muestras de sangre* hasta las doce.
3. No quisieron decirme *la noticia*.
4. Le sujetaron (= *held, tied down*) *los brazos* cuando perdió el control.
5. ¿Quién le puso *la escayola*?
6. ¿Por qué no puede subirme *la cama*?
7. La lesión le dejó *el brazo* paralizado.
8. ¿Le explico *la función de la tiroides*?
9. ¿Nos llevamos *las radiografías*?
10. Le tengo que decir *la verdad*.
11. ¿Cuántas veces al día debo ponerme *el ungüento*?
12. Esta mañana le llevé *las flores a la señora Alvarez*.

B. Minidiálogos

Each sentence given below constitutes the beginning of a dialog. Continue the dialog by asking a question and responding with a command. Use *tú* or *usted* depending on the context. Change, add or eliminate other elements as necessary.

Modelo: – No sé ponerme la venda.
○   ¿Se la pongo yo?
– Sí, póngamela, por favor.

1. – No sé atarme los cordones de los zapatos.
2. – No puedo quitarme la camisa.

3. – No sé explicarle esta prueba a la señora
Sánchez.

4. – ¿Quién puede llevarle un recado (= *message*)
al doctor Mendoza?

5. – Todavía no han traído los sedantes.

6. – No puedo leer esta etiqueta sin las gafas.

7. – ¿Cómo voy a lavarme el pelo si no puedo
mover el brazo?

8. – ¡Ay! ¡Me dejé las muletas en el otro piso!

9. – Me gustaría mandarle una carta a mi hija.

10. – Hoy se olvidaron de (= *forgot*) cambiarme
las sábanas.

C. La visita al médico

Change the following description from present to
past by changing the key verbs to the preterite.

Cuando voy a consultar a mi médico, lo primero
que hace es saludarme y preguntarme por mi familia. Quiere tranquilizarme antes de examinarme.
Luego me toma el pulso y la presión y me ausculta.
Me hace toser y escucha. Me hace respirar profundamente y expulsar lentamente el aire. Mientras tan-

to (= *meanwhile*), me hace preguntas que no pare-
cen estar relacionadas con todo eso. Yo también le
hago preguntas y le describo lo que me pasa. Me
escucha con atención, me hace más preguntas, me
da su diagnóstico y me receta algo. Entonces, me
visto, nos despedimos, él manda recuerdos a mi esposo y me marcho.

D. Siga el modelo

Prepare brief dialogs based on the given elements.

Modelo: los oídos/una semana
  – ¿Qué le pasa?
  ○ Me duelen los oídos.
  – ¿Desde cuándo le duelen?
  ○ Desde hace una semana.

1. la vista borrosa/un mes
2. dolor de garganta/el sábado
3. la regla/dos meses
4. hemorragias/nueve meses
5. esta medicina/tres semanas
6. el tobillo hinchado/el miércoles
7. angina de pecho/seis meses
8. un diafragma nuevo/enero del año pasado

Assume that you are the only person in your hospital that can speak Spanish. You must
decide how to deal with each situation presented in the following exercises. Be resource-
ful, but *simplify* your remarks whenever possible to avoid confusion. All the patients involved speak only Spanish. Be prepared to try your questions out on classmates and to
respond to their questions.

E. La sala de emergencia

The patient is conscious, but in obvious pain. The
doctor thinks it's a kidney stone, but needs more
information from the patient, specifically:

1. Where the pain is located.
2. What the pain is like.
3. Whether he has ever had this pain before.
4. How frequently it occurs.
5. Whether anything he does makes the pain worse.
6. If there is any family history of kidney
   disease.
7. Whether he has difficulty or pain while
   urinating.

F. La recepción

A surgical patient is being admitted. Receptionist
and patient have managed to communicate fairly
well, but some further data are still needed, such
as:

1. Where the patient works.
2. What (if any) medical coverage the patient has.
3. Medical insurance policy number.
4. Name of patient's next-of-kin.
5. Social Security number.
6. Patient's date of birth.
7. Whether the patient smokes.
8. Whether the patient wants a private or semi-
   private room.

G. Obstetricia y ginecología

A pregnant woman has come to the clinic for an examination. The obstetrician needs to know what present or past problems she has had during pregnancy and to give her some simple instructions. He needs to know:

1. When her last period was.
2. Whether she has had any bleeding or excessive discharge since then.
3. Whether she has had cramps or backaches.
4. Whether she has ever had a miscarriage.
5. How many children she has had.

He also needs to:

6. Tell her he is going to give her a pelvic examination.
7. Tell her to get on the table and lie face up.
8. Tell her to put her feet in the stirrups.
9. Tell her to spread her legs and relax.
10. Inform her that everything is going well.

H. Pediatría

A six-year-old whose tonsils have just been removed is crying. The nurses want to help but speak no Spanish. You must:

1. Find out why she's crying and persuade her to stop.
2. Ask if her throat hurts and if she likes ice cream.
3. Tell her they're going to bring her some now and that it will make her throat feel better.
4. Tell her when her mom and dad will be in to see her.
5. Inform her that she can go home with them tomorrow.

I. Neurología

The neurologist on call has been asked to examine a patient and requests your aid in giving her these instructions:

1. Stand up and close her eyes.
2. Keep her eyes closed and extend her arms.
3. Bring her arms closer and closer until the tips of her index fingers are touching.
4. Keep her eyes closed and touch her nose with her left index finger.
5. Open her eyes and watch the doctor's finger.
6. Follow the movement of the doctor's finger with her eyes.
7. Answer questions about how many fingers the doctor is holding up.

Diversión

Descifre las siguientes palabras.

Modelo: COMAREAPID _ _ _ _ _ _ _ _ _ _

1. SEACOBS _ _ _ _ _ _ _
2. LOYCASEA _ _ _ _ _ _ _
3. ARDOIFAGIAR _ _ _ _ _ _ _ _ _ _
4. ERATIRSA _ _ _ _ _ _ _
5. DOOI _ _ _ _
6. RODOS _ _ _ _ _
7. ARINEP _ _ _ _ _ _
8. ATEID _ _ _ _ _
9. COIDAIGTSON _ _ _ _ _ _ _ _ _ _
10. ORÑIN _ _ _ _ _
11. HOPEC _ _ _ _ _
12. AOFLOT _ _ _ _ _ _

¿Qué pasa?

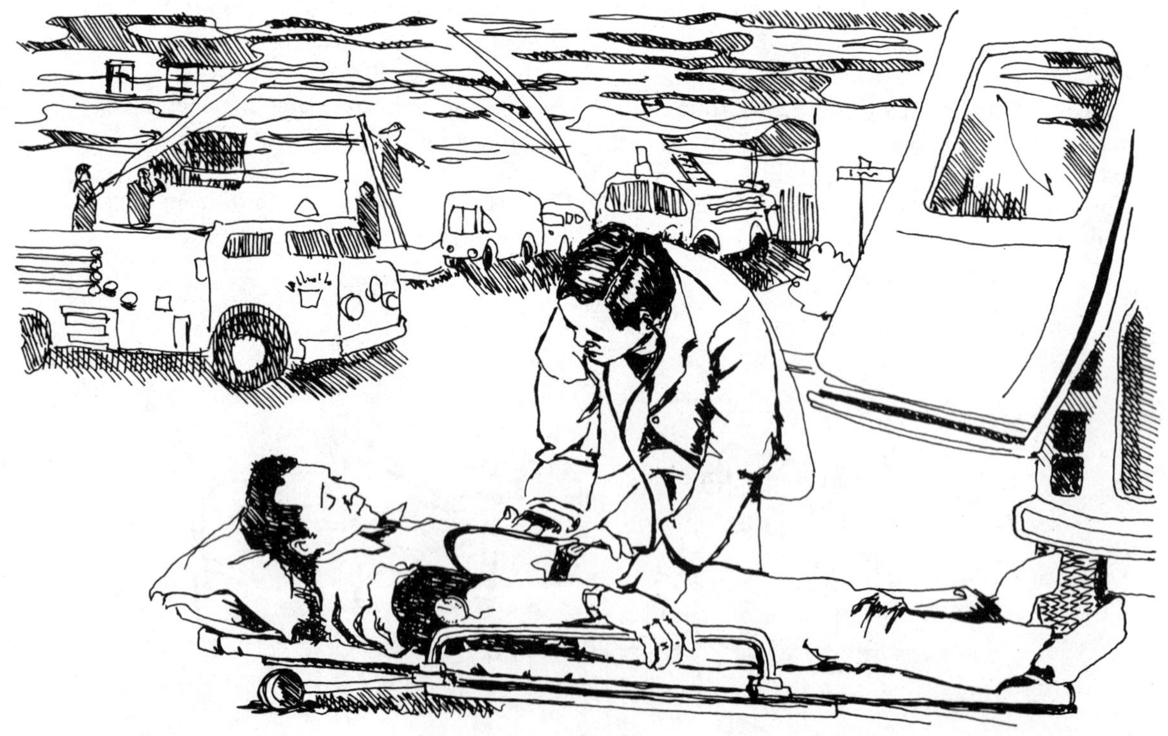

Prepare un diálogo o una descripción.

VOCABULARIO

SUSTANTIVOS
el **abrigo** coat
el **accidente** accident
la **almohada** pillow
la **ambulancia** ambulance
el **coche** car
la **complicación** complication
el **cuartel de bomberos** fire
  station
los **dolores de parto** labor pains
el **español** Spanish (language)
el **herido** injured man
el **paramédico** paramedic
el **pasajero** passenger
el **segundo** second
el **suelo** floor

ADJETIVOS
grave grave, serious
roto/a broken

VERBOS
apartarse to move away
desarrollarse to evolve, to take
  place
empujar to push
inmovilizar to immobilize
nacer to be born
separar to separate
tratar de to try to

ADVERBIOS
afortunadamente fortunately
efectivamente effectively; just
  as I thought

EXPRESIONES
a modo de like a, as if it were
a tiempo on time
  ¡cuánto me alegro! I'm so glad
dar un susto to scare
igual que same as
o así or something like that;
  or so
¿puedo ayudarlo en algo? can
  I do anything to help?

OTROS
a punto de about to, ready to

Glosario español-inglés

A

a to, 3
abarcar to cover, to include, 116
el **aborto** abortion, 113
el **abrigo** coat, 122
abril April, 19
abrir to open, 63, 78
el **absceso** abscess, 93
la **abuela** grandmother, 14
el **abuelo** grandfather, 14
acabar de to have just, 94
el **accidente** accident, 122
la **aceituna** olive, 49
la **acidez** acidity, 61
la **acidosis** acidosis, 81
acompañar to accompany, 59
acostado/a lying down, 13
acostarse (ue) to lie down, 59, 101; to go to bed, 103
actual present, current, 16
achacar to attribute, 116
además besides, 29
adherirse (ie) to adhere, 116
adiós goodbye, 2
¿a dónde? (to) where?, 29
afeitarse to shave, 106
aferrarse to hold to (*belief*), 115
los **afligidos** the afflicted, 116
afortunadamente fortunately, 123
agitar to shake, 73
agosto August, 19
el **agua** (*f.*) water, 100
el **aguacate** avocado, 49
aguantar to hold, 101
agudo/a acute, 58; sharp, 61
la **aguja** needle, 71, 113
ahí there, 35
ahora now, 3
ahora bien, . . . now then, . . . , 78
ahora mismo right now, 76
de ahora en adelante from now on, 68
el **ajo** garlic, 49
ajustado/a tight, 105
el **ajustador** bra, 105
el **albaricoque** apricot, 49
la **alcachofa** artichoke, 49
alcanzar to reach, 73
alegrarse to be glad, 34, 110
alegre cheerful, 16
la **alergia** allergy, 61, 81
alerta alert, 16
algo something, 34
  algo más something else, 34
el **algodón** cotton, 71
alguien somebody, anybody, 40
algún/alguna some, any, 40
alimentarse to eat, to feed oneself, 53, 100

los **alimentos** foods, 53
aliviar to relieve, 100
las **almejas** clams, 49
la **almohada** pillow, 36, 122
el **almuerzo** lunch, 48
alrededor de around, about, 53
alto/a tall, 15
allí there, 24
amable kind, 59
amamantar to nurse, 100
amarillo/a yellow, 44
ambos/as both, 91
la **ambulancia** ambulance, 122
las **amígdalas** tonsils, 78
la **amigdalectomía** tonsilectomy, 113
a modo de like a, 122
amplio/a wide, 116
la **ampolla** blister, 61
la **amputación** amputation, 113
el **analgésico** analgesic, 71
el **análisis** analysis, 58
anciano/a old, 15
ancho/a wide, 105
¡anda! come on!, 76
la **anemia** anemia, 81
el **anestésico** anaesthetic, 71
el/la **anestesista** anesthesiologist, 5, 112
la **angiografía** angiography, 103
el **ángulo** angle, 101
el **anillo** ring, 101
animado/a excited, lively, 16
anotar to note, to record, 68
ansiosamente anxiously, 110
antes (de) before, 41, 68
el **antiácido** antacid, 71
el **antibiótico** antibiotic, 71
el **anticonceptivo** contraceptive, 71, 79
el **anticonvulsivo** anticonvulsant, 71
antiguo/a old, ancient, 116
antipático/a unpleasant, 16
el **antiséptico** antiseptic, 71
antisocial antisocial, 16
el **año** year, 19
  el año que viene next year, 52
el **aparato** apparatus, 92; (dental) braces, 93
  de rayos X X-ray machine, 92
  de succión suction apparatus, 113
aparecer to appear, to show up, 69
apartarse to move away, 122
aparte aside, 73
la **apendicectomía** appendectomy, 117
la **apendicitis** appendicitis, 58
el **aperitivo** aperitif, 55
el **apio** celery, 49

aplicar(se) to apply, 100
una **apoplejía** stroke, 81
apoyado/a (*apoyar*) leaning, 59
aquí here, 37, 59
el **ardor de estómago** heartburn, 61
el **armario** closet, locker, 35
la **arteria** artery, 26
la **arterioesclerosis** arteriosclerosis, 81
la **artritis** arthritis, 81
asegurarse to make sure, 73
asentir (ie) con la cabeza to nod one's head, 90
así like that, 78
así, así so, so, 9, 11
asimismo likewise, 29
el **asma** asthma, 81
el **aspecto** appearance, 15, 73
áspero/a rough, scratchy, 58
la **aspirina** aspirin, 58
el **astringente** astringent, 71
un **ataque cardíaco** heart attack, 81
un **ataque fulminante** stroke, 81
atender (ie) to attend to, 68
atentamente attentively, 68
atento/a attentive, 16
el **atún** tuna fish, 49
el **audífono** hearing aid, 37
aún still, 53
aunque although, 29
auscultar to auscultate, to sound, 68
el **autoclave** autoclave, 113
a veces sometimes, 46
a ver, . . . let's see, . . . , 78
averiguar to find out, 29
las **aves** poultry, 49
¡ay! oh!, 3
ayer yesterday, 34
ayer por la mañana yesterday morning, 111
ayer por la tarde yesterday afternoon, 91
ayudar to help, 59
el **azúcar** sugar, 48
azul blue, 35
  marino navy blue, 44

B

el **bacalao** cod, 49
el **bacín** bedpan, 36
el **baile** dancing, 105
bajar to lower, 34
bajo/a short, 15
la **bañera** bathtub, 36
el **baño de esponja** sponge bath, 105
la **barriga** stomach, belly, 26, 58
la **báscula** scale, 68, 70

el **hambre** (*f.*) hunger, 47
la **hamburguesa** hamburger, 49
hasta until, 2, 47
hasta luego see you later, 2
hasta pronto see you soon, 2
hay there is, there are, 35, 69
el **hechizo** spell, 116
hecho (*hacer*) done, made, 84
el **helado** ice cream, 46
el **hematocrito** red blood cell, 103
la **hematología** hematology, 103
el **hemocultivo** blood culture, 103
la **hemoglobina** hemoglobin, 103
la **hemorragia** excessive bleeding,
  hemorrhage, 61, 81, 110
la **hemorroidectomía** hemorrhoidectomy, 113
las **hemorroides** hemorrhoids, 81
la **hepatitis** hepatitis, 81
el **herido** injured man, 122
la **hermana** sister, 14
la **hermanastra** stepsister, 15
el **hermanastro** stepbrother, 15
el **hermano** brother, 14
hermoso/a beautiful, 15
los **herpes** herpes, 81
el **hierro** iron, 100
el **hígado** liver, 27, 49
el/la **higienista** hygienist, 5, 92
el **higo** fig, 49
la **hija** daughter, 14
el **hijo** son, 14
el **hilo dental** dental floss, 93
hinchado/a swollen, 78
la **hinchazón** swelling, 61, 78
la **hipertensión** hypertension, 79
la **hipnosis** hypnosis, 81
el **hipo** hiccups, 61
la **histerectomía** hysterectomy, 113
la **histeria** hysteria, 81
la **historia** history, 78
la **hoja** sheet of paper, 68
las **hojas clínicas** clinical records, 29
las **hojas de afeitar** razor blades, 37
hola hi, 3
el **hombre** man, 79
el **hombro** shoulder, 26
la **hora** hour, 34; time, 47
  ¿qué hora es? what time is it?, 47
el **hormigueo** tingling, pins and
  needles, 61
el **hospital** hospital, 24
hoy today, 2
el **hueso** bone
el **huevo** egg, 46

I

la **ictericia** jaundice, 61
igual que same as, 122
la **ileostomía** ileostomy, 113
la **implantación** implantation, 113
incómodo/a uncomfortable, 16
la **incontinencia** incontinence, 61
indicar to indicate, 47
la **indigestión** indigestion, 61

la **índole** nature, 115
un **infarto** heart attack, 81
la **infección** infection, 78
la **inflamación** inflammation, 61
inflamado/a inflamed, 78
la **información** information, 69
informarse to get some information,
  79
ingerirse (ie) to be eaten, ingested, 53
ingresar to check in, 24
el **injerto** graft, 113
el **injerto de médula ósea** bone graft,
  113
el **injerto de piel** skin graft, 113
inmovilizar to immobilize, 122
el **inodoro** toilet, 36
la **inquietud** worry, 105
la **instrucción** instruction, 100
los **instrumentos** instruments, 68, 112
intentar to try, 91
el/la **interno/a** intern, 5
interno/a internal, 101
el **intestino delgado** small intestine, 27
el **intestino grueso** large intestine, 27
introducir to introduce, 73, 100
introvertido/a introverted, 16
la **inyección** injection, 91
ir to go, 12, 24, 46, 47, 52, 58
irse to leave, to go away, 106
la **irrigación vaginal** douche, 105
irritable irritable, cranky, 16
izquierdo/a left, 37
a la izquierda de to the left of, 37

J

el **jabón** soap, 100
el **jamón** ham, 49
la **jaqueca** migraine, 61
el **jarabe** syrup, 69
la **jeringa** syringe, 70
el **jersey** sweater (pullover), 37
joven young, 13
las **judías** string beans, 49
jueves Thursday, 19
el **jugo de naranja** orange juice, 49
julio July, 19
junio June, 19
junto a beside, 24
junto con together with, 53
juntos/as together, 3

K

un **kilo** kilogram, 71
un **kilogramo** kilogram, 71

L

la the (*def. art.*), 3; her, 59; you
  (*f. formal*), 59; it (*f.*), 79
el **labio** lip, 26
el **labio leperino** harelip, 116
el **laboratorio** laboratory, 4, 101

la **lactancia** lactation, nursing, 100
el **lado** side
  al lado de beside, next to, 37
la **lámpara** lamp, 36
la **langosta** lobster, 49
la **laparotomía** laparotomy, 113
el **lápiz** pencil, 73
la **laringectomía** laringectomy, 113
la **laringitis** laryngitis, 81
las them (*f.*), you (*f. pl.*), 84
el **lavabo** sink, 36
lavar(se) to wash, to get washed, 100
el **laxante** laxative, 71
la **leche** milk, 49
lechoso milky, 73
la **lechuga** lettuce, 49
leer to read, 69
el **legrado** dilation and curettage, 113
las **legumbres** vegetables, 49
lejos (de) far (from), 37
la **lengua** tongue, 78, 92
el **lenguado** flounder, 49
los **lentes** eyeglasses, 37
los **lentes de contacto** contact lenses,
  37
la **lesión** lesion, wound, 110
el **leucocito** white blood cell, 103
levantar to raise, 34
levantarse to get up, 106
levemente slightly, 73
la **libra** pound, 71
la **lidocaína** lydocaine, 93
la **ligación de trompas** tubal ligation,
  80
ligero/a light, lightweight, 105
la **lima** lime, 49
el **limón** lemon, 49
limpiar to clean, 73
el **líquido** liquid, 76
el **líquido cefalorraquídeo** cerebro-
  spinal fluid, 26
el **líquido seminal** seminal fluid, 80
un **litro** liter, 71
lo him, it (*m.*), you (*m. formal*), 78,
  84
la **locura** insanity, 116
el **lomo** loin, 49
lo que which, 53; what, 100, 104
los them (*m.*), you (*m. pl.*), 78, 84
lúcido/a lucid, 16
luego later, 2; then, 91
la **luna** moon, 116
lunes Monday, 19
la **luz** light, 36

LL

llamar to call
llamarse to be called, named, 2
  ¿cómo se llama usted? what's your
    name?, 2;
  me llamo . . . my name is . . . , 2
llegar to arrive, to reach, 59
llevar to take, 58
llueve (*llover*) it's raining, 82

M

la **madrastra** stepmother, 15
la **madre** mother, 12
el **maguey** a type of agave plant, 53
el **maíz** corn, 49
mal bad, poorly, 2, 8
la **malaria** malaria, 81
el **malestar** discomfort, 58
la **mama** breast, 26
la **mamografía** mammography, 107
mandar to send, 101
la **mandíbula** jaw, 26, 92
la **manera** way, 100
　de esta manera this way, 100
la **manga** sleeve, 68
el **mango** mango, 49
la **mano** hand, 26
la **manta** blanket, 36, 101
la **mantequilla** butter, 48
la **manzana** apple, 49
mañana tomorrow, 12
la **mañana** morning, 51
　de la mañana in the morning, 51
　por la mañana in the morning, 111
la **máquina de afeitar** razor, 37
el **marcapasos** pacemaker, 113
marcar to mark, 47
marcharse to leave, 106
mareado/a dizzy, 59
el **mareo** dizziness, 59
el **marido** husband, 79
los **mariscos** shellfish, 49
martes Tuesday, 19
el **martillo de percusión** percussion
　hammer, 71
marzo March, 19
más more, 34, 35, 39
la **mascarilla** mask, 112
la **mastectomía** mastectomy, 113
la **mastoidectomía** mastoidectomy,
　119
la **matriz** uterus, 80
mayo May, 19
la **mayoría** majority, 53
　en su mayoría for the most part
me me, 46, 51, 78, 84, 95, 100, 103
mediano/a average, 15
las **medias** stockings, 37
las **medias elásticas** elastic stockings,
　37
la **medicina** medicine, 68, 70
el **médico** doctor, 2
medio/a half, 72
el **medio de contraste** contrast
　medium, 101
medular marrow, 103
la **mejilla** cheek, 26
los **mejillones** mussels, 49
mejor better, 2, 3
mejorar to get better, 12
　¡qué se mejore pronto! (I hope you)
　get well soon, 12
el **melocotón** peach, 49
el **melón** melon, 49
el **membrillo** quince, 49

menor lower, lesser, 49
menor de edad minor, underage, 29
menos less, 10, 39, 47
el **menú** menu, 47
la **merluza** hake, 49
el **mes** month, 19
el **mes que viene** next month, 52
la **mesa** table, 36
la **mesilla** night table, 36
el **método** method, 79
mi my, 12, 17
el **miedo** fear, 59
el **mielograma** myelogram, 103
mientras while, 47
el **miércoles** Wednesday, 12, 19
mil one thousand, 28
un **miligramo** milligram, 71
un **mililitro** milliliter, 71
el **minuto** minute, 59
mío(s), mía(s) mine, 35
la **miopía** near-sightedness, 81
la **mirada** gaze, 116
mirar to look at, to watch, 68
la **mitad** half, 72
moler (ue) to grind, 53
el **momento** moment, 24
la **moniliasis** moniliasis, thrush, 81
la **mononucleosis** mononucleosis, 81
el **montar a caballo** horseback riding,
　105
morado/a purple, 44
morder (ue) to bite, 93
la **muchacha** girl, 13
el **muchacho** boy
mucho/a much, 12; many, 24; a lot,
　58
la **muela** tooth, 90, 92
la **muela del juicio** wisdom tooth, 92
muerto (*morir*) died, 84
las **muletas** crutches, 37
municipal municipal, city, 100
la **muñeca** wrist, 26
el **muslo** thigh, 36
muy very, 2

N

nacer to be born, 116
nada nothing, 34
　de nada you're welcome, 34
nadie nobody, not . . . anybody, 40
las **nalgas** buttocks, 26
la **naranja** orange, 49
el **narcótico** narcotic, 71
la **nariz** nose, 26
la **natación** swimming, 105
natural natural, 91
las **náuseas** nausea, 61
necesitar to need, 24
la **nefrectomía** nephrectomy, 113
negro/a black, 35
nervioso/a nervous, 16, 100
la **neuritis** neuritis, 81
el/la **neurocirujano/a** neurosurgeon,
　3

el/la **neurólogo/a** neurologist, 3
la **neurosis** neurosis, 81
nevar (ie) to snow, 82
la **nieta** granddaughter, 14
el **nieto** grandson, 14
ningún no, not . . . any, 40
ninguna no, not . . . any, 40
ninguno/a none, 40
ni . . . ni neither . . . nor, 40
la **niña** girl
el **niño** boy, 58
el **nivel** level, 103
la **noche** night, 2
esta noche tonight, 52
el **nombre** name, 29, 47
normal normal, 68
normalmente normally, 46
nos us, 51, 84
novecientos/as nine hundred, 24, 28
noveno/a ninth, 28
noviembre November, 19
la **novocaína** novocaine, 91
nublado cloudy, 82
la **nuera** daughter-in-law, 15
nuestro(s), nuestra(s) our, 17; ours, 40
nuevo/a new, 13
el **número** number, 25
nunca never, 40, 59

O

o or, 24
observar to observe, 59
el **obstetra** obstetrician, 4, 100
la **obstetricia** obstetrics, 4
obstruido/a obstructed, 111
obtenerse to be obtained, 53
octavo/a eighth, 28
octubre October, 19
ocurrir to happen, to occur, 78, 111
ochocientos/as eight hundred, 28
la **oficina de recepción** reception
　office, 5, 24
el **oído** hearing (sense of), 27; ear
oír to hear, 104
el **ojo** eye, 26
el **olfato** (sense of) smell, 27
el **omóplato** shoulderblade, 26
una **onza** ounce, 71
o . . . o either . . . or, 40
la **operación** operation, 4, 12
operar to operate, 111
oprimir to press, 105
la **oreja** ear, 26
el **órgano** organ, 26, 101
el **orificio** opening, orifice, 80
el **orinal** urinal, 36
la **ortodoncia** orthodontics, 93
el **ortodontólogo** orthodontist, 5
el **ortopedista** orthopedist, 5
la **osteomielitis** osteomyelitis, 81
otro/a (an)other, 29, 35
el **ovario** ovary, 80
el **óvulo** egg (*human*), 80
oye . . . (*oír*) listen . . . , 47

R

el **rábano** radish, 49
la **radiografía** X-ray, 58
la **radiología** radiology, 4
el **radiólogo** radiologist, 4
el **ratito** little while, 59
a **ratos** periodically, 59
la **recepción** reception desk, 4
la **recepcionista** receptionist, 4, 24
la **receta** prescription, 69
recetar to prescribe, 78
el **recién nacido** newborn child, 100
recoger to pick up, 69
recordar (ue) to remember, 100
el **recto** rectum, 27
la **reducción de una hernia** hernia surgery, 113
el **refresco** soft drink, 49
el **reloj** watch, 101
remojar to soak, 53
la **remolacha** beet, 49
repetir (i) to repeat, 101
reservado/a reserved, 16
un **resfriado** cold, 81
el **residente** resident, 5
respirar to breathe, 101
responder to respond, 34
el **resto** remainder, rest, 58
resultar to result, 78
retener to retain, 53
el **retractor** retractor, 113
rico/a rich, 100
la **rinoplastia** rhinoplasty, 113
el **riñón** kidney, 27; kidney basin, 36
la **rodilla** knee, 26
rojo/a red, 35
ronco/a hoarse, 78
la **ropa** clothing, 37, 101
el **ropero** closet, 35
rosado/a pink, 44
el **rosbif** roast beef, 49
roto/a (*romper*) broken, 84, 122

S

sábado Saturday, 19
la **sábana** sheet, 36
saber to know, 29, 91, 94; to taste, 101
la **sabiduría popular** popular wisdom, 116
sacar to take out, 68; to remove, 78
sacar la lengua to stick out one's tongue, 78
la **sal** salt, 49
la **sala de emergencia** emergency room, 4, 58
la **sala de operaciones** operating room, 4, 110
la **sala de recuperación** recovery room, 110
la **salchicha** sausage (in general), hot dog, 49
salir to leave, 35
el **salmón** salmon, 49

saludar to greet, 91
la **sandalia** sandal, 37
el **sandwich** sandwich, 48
la **sangre** blood, 58
sano/a healthy, 46
el **sarampión** measles, 81
el **sarampión alemán** German measles, 81
las **sardinas** sardines, 49
el **sarro** tartar, plaque, 93
secarse to dry oneself, 100
la **secreción** secretion, 61
la **secretaria** secretary, 5
el **sedante** sedative, 71
seguir (i) to follow, 68, 90
seguir trabajando to keep on working, 105
segundo/a second, 28
el **segundo** second, 122
la **seguridad social** social security, 29
seguro/a safe, 35
el **seguro** insurance, 29
seiscientos/as six hundred, 28
la **selección** selection, 47
la **semana** week, 47
la **semana que viene** next week, 52
el **semen** semen, 80
el **seno** breast, 26
las **sentaderas** buttocks, 26
sentarse (ie) to sit down, 3, 24, 100
el **sentido** sense, 27
sentirse (ie) to feel, 2
señalar to indicate, to point to, 35
el **señor** man, Mr., 2
la **señora** woman, Mrs., 2
la **señorita** young woman, Miss, 2
septiembre September, 12, 19
séptimo/a seventh, 28
ser to be, 2, 3, 7, 12, 13, 18
serio/a serious, severe, 78
  en serio seriously, 78
servir (i) to serve, 24
  ¿en qué puedo servirle? (how) can I help you, 24
setecientos/as seven hundred, 28
sexto/a sixth, 28
si if, 29
sí yes, 34
siempre always, 40, 69
la **sierra** saw, 113
la **sífilis** syphilis, 81
la **sigmoidoscopía** sigmoidoscopy, 103
la **silla** chair, 35
la **simpatectomía** sympathectomy, 113
simpático/a nice, pleasant, 13
sino but, 76
el **síntoma** symptom, 58
la **sinusitis** sinusitis, 81
el **sistema reproductivo** reproductive system, 80
sobre about, 29; on, 35
el **sobresalto** start, shock, 116
sobre todo especially, 29
la **sobrina** niece, 15

el **sobrino** nephew, 15
sociable sociable, 16
¡socorro! help!, 59
el **sol** sun, 53
sólo only, 79
la **solución** solution, 78
la **sonda** catheter, 70
la **sopa** soup, 48
el **sostén** bra, 37
sostener (ie) to support, 100
su his, her, your, their, 17
subsistir to subsist, 53
suceder to happen, 111
la **suegra** mother-in-law, 15
el **suegro** father-in-law, 15
el **suelo** floor, 123
suelto/a loose, 105
el **suero** i.v. solution, 70; serum, 112
el **suéter** sweater, 37
sufrir to suffer, 59
sugerir (ie) to suggest, 74
el **sujetador** bra, 37
superior upper, 73
el **supositorio** suppository, 70
supuesto/a supposed, 116
la **suspensión de bario** barium suspension, 101
el **susto** fear, 76; scare, 110
la **sutura** suture, 113
suyo(s), suya(s) yours (formal), his, hers, theirs, 40

T

la **tableta** tablet, 70
la **tablilla** splint, 71
el **tacón** heel (of shoe), 105
el **tacto** touch, 27
tal como such as, 29
el **talón** heel, 26
el **tamaño** size, 105
también also, as well, 3
tampoco not . . . either, neither, 40, 47
el **tampón** tampon, 37
tan so
  tan de prisa in such a hurry, 111
tanto . . . como . . . . . . as well as . . . , 115
tapar (se) to cover (oneself), 101
la **taquicardia** tachycardia, 61
la **taza** cup, 46, 71
te you (*fam.*), 51, 84, 90, 91, 95, 103
el **té** tea, 48
el/la **técnico/a** technician, 4, 101
la **tela adhesiva** adhesive tape, 71
el **teléfono** telephone, 25
el **televisor** television set, 36
el **temblor** tremor, 61
el **temor** fear, 76
temprano early, 105
las **tenazas** tongs, 113
tener (ie) to have, 29, 58, 59
tener . . . años to be . . . years old, 58
tener calor to be hot, 60, 62
tener celos to be jealous, 62

tener cuidado (de) to be careful (to), 60, 62
tener frío to be cold, 60
tener ganas de to feel like, 60, 62
tener hambre to be hungry, 60
tener lugar to take place, 80
tener miedo to be afraid, 59
tener prisa to be in a hurry, 60, 62
tener que to have to, 58
tener razón to be right, 60
tener sed to be thirsty, 60
tener sueño to be sleepy, 60
el/la **terapeuta** therapist, 5
tercer(a) third, 28
el/la **tercero/a** third, 28
un tercio one third, 72
terminar to finish, 34
la **termografía** thermography, 103
el **termómetro** thermometer, 70
la **ternera** veal, 49
el **testículo** testicle, 80
la **tía** aunt, 14
la **tía abuela** great-aunt, 15
el **tiempo** weather, 82; time
el **tiempo de coagulación** coagulation time, 103
el **tiempo de protrombina** prothrombine time, 103
el **tiempo de sangría** bleeding time, 103
el **tifus** typhus, 81
el **timbre** bell, 34, 36
tímido/a shy, 16
la **tina** bathtub, 36
el **tío** uncle, 14
el **tío abuelo** great-uncle, 15
tirar to throw, 35; to pull, 73
la **tiroidectomía** thyroidectomy, 113
la **toalla** towel, 36, 100
la **toalla sanitaria** sanitary napkin, 37
el **tobillo** ankle, 26
tocar to ring, 34
el **tocino** bacon, 46
todavía still, 3
todo everything, 79
no del todo not completely, 110
tomar to drink, 3; to have (i.e., eat), 46; to take (medicine), 58
tomar el pulso to take (someone's) pulse, 111
el **tomate** tomato, 49
la **tomografía axial computarizada** CAT scan, 102
la **toronja** grapefruit, 49
la **tos** cough, 58
la **tos ferina** whooping cough, 81
las **tostadas** toast, 48
trabajador(a) industrious, 16
trabajar to work, 3

traer to bring, 101
tragar to swallow, 78
el **trago** gulp, 76
de un solo trago in a single gulp, 76
el **traje** suit, 37
el **tranquilizante** tranquilizer, 71
tranquilizar to calm, 91
tranquilo/a calm, 16
el **transplante** transplant, 113
la **traqueotomía** tracheotomy, 113
el **trasmisor de ultrasonido** ultrasound transmitter, 102
el **trastorno** upset, disorder, 101
el **tratamiento** treatment, 29
tratar de to try to, 122
el **trépano** drill, 92
trescientos/as three hundred, 28
la **tricomoniasis** trichomoniasis, 81
triste sad, 13
la **tristeza** sadness, 76
las **trompas de Falopio** Fallopian tubes, 80
tú you (*inf.*), 3, 6
la **tuberculosis** tuberculosis, 81
los **tubos** tubing, 113
el **tumor** tumor, 61
turbio/a cloudy, 73
tuyo(s), tuya(s) yours (familiar), 40

U

¡uf! yeck!, 101
la **úlcera** ulcer, 81
último/a last, 79
un, una a, one, 2, 3
el **ungüento** cream, ointment, 70
único/a only, 78
la **uña** fingernail, 26
el **uréter** ureter, 27, 80
la **uretra** urethra, 27, 80
el/la **urólogo/a** urologist, 5
la **urticaria** rash, 61
usar to use, 34
usted you (formal), 2, 3, 6
el **útero** uterus, 80
la **uva** grape, 49

V

vaciar to empty, 74
la **vagina** vagina, 80
la **vaginitis** vaginitis, 81
la **validez** validity, 115
la **válvula** valve, 26
variado/a varied, 100
la **varicela** chickenpox, 81
varios, varias several, 34
la **vasectomía** vasectomy, 79, 80
el **vaso** glass, 36

los **vasos diferentes** vas deferens, 80
vaya go, 58
que le vaya bien hope things go well, 12
la **vejiga** bladder, 27
la **velocidad de sedimentación** sedimentation rate, 103
la **vena** vein, 26
la **venda** bandage, 71
la **ventana** window, 36
ver to see, 68
la **verdad** truth, 46
verde green, 44
las **verduras** vegetables, 47
el **vértigo** vertigo, 61
la **vesícula** gallbladder, 24, 27
el **vestido** dress, 37
vestirse (i) to get dressed, 101
la **vez** time, 29
el **vientre** stomach, belly, 26
viernes Friday, 19
las **viruelas locas** chickenpox, 81
la **visita** visit, 79
la **vista** sight, 27
la **vista borrosa** blurred vision, 61
la **vista doble** double vision, 61
la **vista nublada** obscured vision, 61
voltear to turn upside down, 73
volver (ue) to return, 68
los **vómitos** vomiting, 58

Y

y and, 2
ya already, 79
ya no no longer, 68
el **yerno** son-in-law, 14
la **yeyunectomía** jejunectomy, 113
yo I, 3

Z

la **zanahoria** carrot, 49
la **zapatilla** slipper, 35
el **zapato** shoe, 37
la **zona postal** zip code, 25

Glosario inglés-español

A

a, an un, una, 2, 3
abortion el aborto, 113
about sobre, 29; alrededor de, 53
about to a punto de, 123
above encima de, 37
abrupt brusco/a, 16
abscess el absceso, 93
accident el accidente, 122
to **accompany** acompañar, 59
ache el dolor, 59
acidity la acidez, 61
acidosis la acidosis, 81
acute agudo/a, 58
address la dirección, 25
to **adhere** adherirse (ie), 116
adhesive tape el esparadrapo, la tela adhesiva, 71
to **be advisable** convenir (ie), 74, 100
the **afflicted** los afligidos, 116
after después, 34
again de nuevo, 34
against contra, 59
age la edad, 29
(I) **agree** de acuerdo, 91
alcoholic beverages las bebidas alcohólicas, 100
alert alerta, 16
all at once de una vez, 105
allergy la alergia, 61, 81
to **allow** dejar, 78
almost casi, 53
already ya, 79
also también, 3
although aunque, 29
always siempre, 40, 69
ambulance la ambulancia, 122
amputation la amputación, 113
amusing gracioso/a, 16
anaesthetic el anestésico, 71
analgesic el analgésico, 71
analysis el análisis, 58
ancient antiguo/a, 116
and y, 2
anemia la anemia, 81
anesthesiologist el/la anestesista, 5, 112
angiography la angiografía, 103
angle el ángulo, 101
angry enfadado/a, 16
ankle el tobillo, 26
another otro/a, 29, 35
antacid el antiácido, 71
antibiotic el antibiótico, 71
anticonvulsant el anticonvulsivo, 71
antiseptic el antiséptico, 71
antisocial antisocial, 16
anxiously ansiosamente, 110

any algún, alguna, 40; cualquier, 115
anybody alguien, 40
aperitif el aperitivo, 55
apparatus el aparato, 92
to **appear** aparecer, 69; parecer, 123
appearance aspecto, 15, 73
appendectomy la apendicectomía, 117
appendicitis la apendicitis, 58
apple la manzana, 49
to **apply** aplicar(se), 100
appointment la cita, 90
apricot el albaricoque, el chabacano, 49
April abril, 19
arm el brazo, 26
around alrededor de, 53
to **arrive** llegar, 59
arteriosclerosis la arterioesclerosis, 81
artery la arteria, 26
arthritis la artritis, 81
artichoke la alcachofa, 49
...as well as... tanto...como..., 115
ash la ceniza, 53
aside aparte, 73
to **ask** preguntar, 47
to **ask for** pedir (i), 74, 91
asleep dormido/a, 13
aspirin la aspirina, 58
asthma el asma, 81
astringent el astringente, 71
at last por fin, 78
to **attend to** atender (ie), 68
attentive atento/a, 16
attentively atentamente, 68
to **attribute** achacar, 116
August agosto, 19
aunt la tía, 14
to **auscultate** auscultar, 68
autoclave el autoclave, 113
average mediano/a, 15
avocado el aguacate, 49
to **avoid** evitar, 100
awake despierto/a, 16

B

baby el/la bebé, 100
back la espalda, 26
  on your back boca arriba, 101
bacon el tocino, 46
badly mal, 2, 8
banana el plátano, 49
bandage la venda, 71
bandaid la curita, 71
barium suspension la suspensión de bario, 101

barrel el cubo, 112
bathrobe la bata, 35, 37
bathroom el cuarto de baño, 35
bathtub la bañera; la tina, 36
to **be** estar, 2, 3, 7, 12, 13, 18; ser, 2, 3, 7, 12, 13, 18
to **be able to** poder (ue), 24, 29, 79
to **be afraid** tener miedo, 59
beans (*kidney*), (*refried*) los frijoles (refritos), 49
beautiful hermoso/a, 15
beauty la belleza, 116
to **be careful (to)** tener cuidado (de), 60
because porque, 46
to **be cold** tener frío, 60; hacer frío, 82
to **become** ponerse, 117
bed la cama, 34
bedpan la cuña, 34, 36; el bacín, la chata, 36
beef el bistec, 49
beet la remolacha, 49
before antes (de), 41, 68
behind detrás de, 35
to **be hot** tener calor, 60; hacer calor, 82
to **be hungry** tener hambre, 60
to **be in a hurry** tener prisa, 60, 62
to **be jealous** tener celos, 62
to **be right** tener razón, 60
to **be sleepy** tener sueño, 60
belief la creencia, 116
to **believe** creer, 58
believer el creyente, 116
bell el timbre, 34, 36
belly el vientre, 26; la barriga, 26, 58
belt el cinturón, 37, 105
beneath debajo de, 35
beside junto a, 24, al lado de, 37
besides además, 29
to **be sunny** hacer sol, 82
to **be thirsty** tener sed, 60
better mejor, 2, 3
  to **get better** mejorar, 12
between entre, 12, 13
beverage la bebida, 46, 55
to **be windy** hacer viento, 82
to **be...years old** tener...años, 58
bile biliar, 111
bill la cuenta, 29
biopsy la biopsia, 113
birth control pill la píldora, 79
to **bite** morder (ue), 93
black negro/a, 35
bladder la vejiga, 27
blanket la manta, 36, 101; la cobija, 36
bleeding time el tiempo de sangría, 103

decongestant el descongestionante, 71

deeply profundamente, 101
definitive definitivo/a, 78
delighted encantado/a, 20
delightful encantador(a), 16
to **demand** exigir, 105
dental floss el hilo dental, 93
dentist el/la dentista, 5, 90
depressed deprimido/a, 16
dessert el postre, 46
detail el detalle, 29
diabetes la diabetes, 81
diagnosis la diagnosis, 81
diaphragm el diafragma, 79
diarrhea la diarrea, 61
diet la dieta, 53, 68
dietician el/la dietista, 5, 46
different diverso/a, 79
difficult difícil, 78
difficulty la dificultad, 78
dilation and curettage el legrado, 113
diphtheria la difteria, 81
discharge el derrame, 116
to **discharge** descargar, 80; (*from hospital*) dar de alta
discomfort el malestar, 58
discouraged desanimado/a, 16
discovered descubierto (*descubrir*), 84
to **discuss** discutir, 105
disorder el desorden, 35; el trastorno, 101
diuretic el diurético, 71
diverse diverso/a, 79
divorced divorciado/a, 25
dizziness el mareo, 59
dizzy mareado/a, 59
to **do** hacer, 58, 78
doctor el médico, 2; el/la doctor(a), 2, 3
door la puerta, 36, 90
double doble, 24
doubt la duda, 69
douche la irrigación vaginal, 105
dress el vestido, 37
to **get dressed** vestirse (i), 101
drill el trépano, 92
to **drink** tomar, 3; beber, 91
drip (*IV*) el goteo, 113
drop la gota, 71
to **dry oneself** secarse, 100
duct el conducto, 80, 111
due to debido a, 53
to **be due to** deberse a, 116
during durante, 58
dysentery la disentería, 81

E

each cada, 53, 69
ear el oído (*internal*); la oreja (*external*), 27
early temprano, 105
to **eat** tomar, 46; comer, 47; alimentarse, 53, 100

to **eat breakfast** desayunar, 46; desayunarse, 106
to **eat (for) dinner** cenar, 47
effective eficaz, 79
effort el esfuerzo, 105
egg el huevo, 46; el óvulo, 80
eight hundred ochocientos/as, 28
eighth octavo/a, 28
  one eighth un octavo, 72
either . . . or o . . . o, 40
elbow el codo, 26
electrocardiogram el electrocardiograma, 102
electrocardiograph el electrocardiógrafo, 70
electroencephalograph el electroencefalógrafo, 71
electroencephalography la electroencefalografía, 102
emergency room la sala de emergencia, 4, 58
emetic el emético, 71
emollient el emoliente, 71
emphysema la enfisema, 81
to **employ** emplear, 116
to **empty** vaciar, 74
to **empty into** desembocar, 80
enamel el esmalte, 93
end el fondo
  at the end of al fondo, 34
endocarditis la endocarditis, 81
endoscopy la endoscopía, 103
enough bastante, 78
to **enter** entrar, 3; pasar, 12
entrance la entrada, 24
entrée plato principal, 55
epilepsy la epilepsia, 81
episiotomy la episiotomía, 113
erythrocyte el eritrocito, 103
esophagus el esófago, 27
especially sobre todo, 29
everything todo, 79
evidence la prueba, 53
exactly exactamente, 3
examination el examen, 91
to **examine** examinar, 58
excellent excelente, 24
excited animado/a, 16
excuse me perdón, 3; con permiso, 12
to **explain** explicar, 53, 79
extroverted extrovertido/a, 16
eye el ojo, 26
eyedropper el gotero, 70
eyeglasses los lentes, las gafas, los espejuelos, 37
eyeteeth los colmillos, los caninos, 92

F

fainting spell el desmayo, 59
fall la caída, 105, 125
to **fall down** caer(se), 59
to **fall asleep** dormirse (ue), 106
Fallopian tubes las trompas de Falopio, 80
far (from) lejos (de), 37

far-sightedness la presbicia, 81
fat gordo/a, 15
  to **get fat** engordar, 47
father el padre, 14
father-in-law el suegro, 15
to **fatten** engordar, 46
fear el miedo, 59; el susto, el temor, 76
February febrero, 19
to **feed oneself** alimentarse, 53, 100
to **feel** sentirse, 2; palpar, 78
to **feel like** tener ganas de, 60, 62
fertilization la fertilización, 80
to **fertilize** fecundar, 80
fever la fiebre, 58
fifth quinto/a, 28
  un quinto one fifth, 72
fig el higo, 49
to **fill** (*a tooth*) empastar, 91
filling el empaste, 91
to **find** encontrar (ue), 110
to **find out** averiguar, 29
fine bien, 2
finger el dedo, 26
fingernail la uña, 26
to **finish** terminar, 34
fire station el cuartel de bomberos, 123
firm fuerte, 105
first primer(a) (*adj.*), 28, 90; el primero, 28
fish el pescado, 47
to **fit well** quedar bien, 105
five cinco, 7
five hundred quinientos/as, 28
floor el suelo, 123
flounder el lenguado, 49
flu la gripe, 58
foam la espuma, 79
to **follow** seguir (i), 68, 90
foods los alimentos, 53
foot el pie, 26
for para, 29
forceps las pinzas, los fórceps, 70, 92
to **be formed** formarse, 53
for the most part en su mayoría, 115
for the past . . . desde hace . . . , 78
fortunately afortunadamente, 123
four cuatro, 7
  four hundred cuatrocientos/as, 28
fourth cuarto/a, 28
  one fourth un cuarto, 73
to **freeze** congelar, 73
French fries las patatas (papas) fritas, 47
frequency la frecuencia, 59
frequently con frecuencia, 59
Friday viernes, 19
fried frito/a, 47
fruit la fruta, 46
fruit cocktail el coctel de fruta, 48
to **be fulfilled** cumplirse, 53

G

gallbladder la vesícula, 24, 27
gallon el galón, 71

garlic el ajo, 49
gas el gas, 61
gastrectomy la gastrectomía, 113
gastritis la gastritis, 81
gastrointestinal gastrointestinal, 101
gauze la gasa, 113
gaze la mirada, 116
to **get better** mejorar, 12
to **get up** levantarse, 106
girdle la faja, 105
girl la muchacha, 13; la niña
to **give** dar, 34
to **give birth** dar a luz, 100
to **be glad** alegrarse, 34, 110
gland la glándula, 80
glass el vaso, 36
glove el guante, 112
glucose la glucosa, 103
   glucose tolerance test la prueba de
   tolerancia a la glucosa, 103
to **go** ir, 12, 24, 46, 47, 52, 58
to **go away** irse, 106
to **go to bed** acostarse (ue), 103
goiter el bocio, 81
gold(en) dorado/a, 44
gonorrhea la gonorrea, 81
good buen(a), 46
good afternoon buenas tardes, 3
goodbye adiós, 2
good evening buenas noches, 2
good morning buenos días, 2
gout la gota, 81
gown (*surgical*) la bata, 112
graceful gracioso/a, 16
graft el injerto, 113
gram un gramo, 71
granddaughter la nieta, 14
grandfather el abuelo, 14
grandmother la abuela, 14
grandson el nieto, 14
grape la uva, 49
grapefruit el pomelo, la toronja, 49
grave grave, 122
gray gris, 44
great-aunt la tía abuela, 15
great-granddaughter la bisnieta, 15
great-grandfather el bisabuelo, 15
great-grandmother la bisabuela, 15
great-grandson el bisnieto, 15
great-uncle el tío abuelo, 15
green verde, 44
to **greet** saludar, 91
to **grind** moler (ue), 53
to **grind one's teeth** hacerse rechinar
   los dientes, 93
guava la guayaba, 49
gulp el trago, 76
   in a single gulp de un solo trago, 76
gums las encías, 92
gynecologist el ginecólogo, 5, 79
gynecology la ginecología, 4

H

hair el pelo, 26
hake la merluza, 49

half medio/a (*adj.*), 72; la mitad (*n.*),
   72
halitosis la halitosis, 81
ham el jamón, 49
hamburger la hamburguesa, 49
hand la mano, 26
to **happen** pasar, 58; ocurrir, 78, 111;
   suceder, 111
happy contento/a, 16
harelip el labio leperino, 116
harm el daño, 90
to **have** tener (ie), 29, 58, 59; tomar
   (*eat*), 46
to **have just** acabar de, 94
to **have to** tener que, 58
he él, 6
head la cabeza, 26, 58
healthy sano/a, 46
to **hear** oír, 104
hearing (*sense of*) el oído, 27
hearing aid el audífono, 37
heart el corazón, 26
heart attack un ataque cardíaco,
   un infarto, 81
heartburn el ardor de estómago, 61
heel el talón (*anat.*), 27; el tacón
   (*shoe*), 105
height la estatura, 15
help! ¡socorro!, 59
to **help** ayudar, 59
hematology la hematología, 103
hemoglobin la hemoglobina, 103
hemorrhage la hemorragia, 61, 81,
   110
hemorrhoidectomy la hemorroidectomía, 113
hemorrhoids las hemorroides, 81
hepatitis la hepatitis, 81
her su (*adj.*), 17; la (*pron.*), 59;
   le (*pron.*), 69
here aquí, 37, 59
hernia surgery la reducción de una
   hernia, 113
herpes los herpes, 81
hers suyo(s), suya(s), 40
hi hola, 3
hiccups el hipo, 61
him lo, 78, 84; le, 59, 84
hip la cadera, 26
his su, 17; suyo(s)/suya(s), 40
history la historia, 78
hoarse ronco/a, 78
to **hold** aguantar, 101
to **hold to** (*belief*) aferrarse, 115
horseback riding el montar a caballo,
   105
hospital el hospital, 24
hot caliente, 100; picante (*food*), 116
hot dog la salchicha, 49
hour la hora, 34
how? ¿cómo?, 3
   how are things with you? ¿cómo
   te va?, 3
how long? ¿desde cuándo?, 78
hunger el hambre (*f.*)
to **hurt** doler, 58; hacer daño, 82

husband el esposo, 14; el marido, 79
hygienist el/la higienista, 5, 92
hypertension la hipertensión, 79
hypnosis la hipnosis, 81
hysterectomy la histerectomía, 113
hysteria la histeria, 81

I

I yo, 3
ice cream el helado, 46
if si, 29
ileostomy la ileostomía, 113
illness la enfermedad, 81
immediately enseguida, 93
to **immobilize** inmovilizar, 122
implantation la implantación, 113
in en, 3
inadvisable contraindicado/a, 79
in case por si, 91
to **include** abarcar, 116
incontinence la incontinencia, 61
to **indicate** señalar, 35; indicar, 47
indigestion la indigestión, 61
industrious trabajador(a), 16
infection la infección, 78
inflammation la inflamación, 61
inflamed inflamado/a, 78
information la información, 69
   to **get some information** informarse, 79
in front of delante de, 37
to **be ingested** ingerirse (ie), 53
to **inhabit** habitar, 53
injection la inyección, 91
injured person el/la herido/a, 122
in order to para, 3
insanity la locura, 116
inside dentro (de), 35
instruction la instrucción, 100
instruments los instrumentos, 68, 112
insurance el seguro, 29
insurance policy póliza de seguros, 29
intensive care los cuidados
   intensivos, 4
intern el/la interno/a, 5
internal interno/a, 101
in that case entonces, 79
intrauterine device (IUD) el dispositivo intrauterino, 79
to **introduce** presentar, 12; introducir,
   73, 100
introverted introvertido/a, 16
iron el hierro, 100
irritable irritable, 16
it lo, 78, 84; la, 79
itch la comezón, 61
i.v. solution el suero, 70

J

jacket la chaqueta, 37
January enero, 19
jaundice la ictericia, 61
jaw la quijada, la mandíbula, 26, 92
jejunectomy la yeyunectomía, 113

joint la articulación
July julio, 19
June junio, 19

K

to **keep on working** seguir
  trabajando, 105
kidney el riñón, 36
kidney basin el riñón, 36
kilogram un kilogramo, kilo, 71
kind amable, 59
knee la rodilla, 26
to **know** saber, 29, 91, 94; conocer,
  91, 94
knuckle la falange, 26

L

label la etiqueta, 69
labor pains los dolores de parto, 123
laboratory el laboratorio, 4, 101
laboratory technician el técnico de
  laboratorio, 4
lactation la lactancia, 100
lamb el cordero, 49
lamp la lámpara, 36
laparotomy la laparotomía, 113
large intestine el intestino grueso, 27
laryngectomy la laringectomía, 113
laryngitis la laringitis, 84
last último/a, 79
later luego, 2, 91
  see you later hasta luego, 2
the **latter** éste, 29
laughing gas el gas hilarante, 91
laxative el laxante, 71
lazy perezoso/a, 16
to **lead** conducir, 80, 110
to **lead into** desembocar, 80
leaning apoyado/a (*apoyar*), 59
to **leave** salir, 35; irse, 106; marcharse,
  106
left izquierdo/a, 37, 122
  to the left (of) a la izquierda (de), 37
leg la pierna, 26, 122
lemon el limón, 49
lesion la lesión, 110
less menos, 10, 39, 47
lesser menor, 49
to **let** dejar, 78
to **let oneself be influenced** dejarse
  influir, 105
let's see, . . . a ver . . . , 78
to the letter al pie de la letra, 68
lettuce la lechuga, 49
level el nivel, 103
to **lie down** acostarse (ue), 59, 101
light la luz(*n.*), 36; ligero/a (*adj.*), 105
lightweight ligero/a, 105
to **like** *see* gustar, 46, 47, 50-51
like (a) a modo de, 122
like that así, 78
likewise asimismo, 29
lime la lima, 49

limestone la piedra de cal, 53
lip el labio, 26
liquid el líquido, 76
listen . . . oye . . . , 47
to **listen** escuchar, 35
liter un litro, 71
little poco, 46
lively animado/a, 16
lucid lúcido/a, 16
liver el hígado, 27, 49
lobster la langosta, 49
loin el lomo, 49
to **look at** mirar, 68
to **look for** buscar, 24
to **look like** parecer, 123
loose suelto/a, 105
to **lose** perder (ie), 68
a lot mucho, 58
lower menor, 49
to **lower** bajar, 34
lucid lúcido/a, 16
lump el bulto, 61
lunch el almuerzo, 48
lung el pulmón, 26
lydocaine la lidocaína, 93
lying down acostado/a, 13
lymph nodes los ganglios linfáticos,
  78

M

majority la mayoría, 53
to **make** hacer, 58, 78
to **make sure** asegurarse, 73
malaria la malaria, el paludismo, 81
mammography la mamografía, 107
man el señor, 2; el hombre, 79
mango el mango, 49
many muchos/as, 24
March marzo, 19
marital status el estado civil, 25
to **mark** marcar, 47
marrow medular, 103
mashed potatoes el puré de patatas
  (papas), 48
mask la mascarilla, 112
mastectomy la mastectomía, 113
mastoidectomy la mastoidectomía,
  113
May mayo, 19
may poder, (ue), 24, 29, 79
me me, 46, 51, 78, 84, 95, 100, 103
meal la comida, 46
meanwhile entretanto, 35
measles el sarampión, 81
  German el sarampión alemán, 81
meat la carne, 47
medicine la medicina, 68, 70
medicine cabinet el botiquín, 36
melon el melón, 49
menu el menú, 47
metabolism study el estudio de
  metabolismo, 103
meter el contador, 112
method el método, 79
migraine la jaqueca, 61
milk la leche, 49

milky lechoso, 73
milligram un miligramo, 71
milliliter un mililitro, 71
mine mío(s), mía(s), 35
minor menor de edad, 29
minute el minuto, 59
to **misbehave** portarse mal, 116
miss, Ms. la señorita, 2
mister el señor, 2
molar la muela, 90
moment el momento, 24
Monday lunes, 19
moniliasis la moniliasis, 81
mononucleosis la mononucleosis, 81
month el mes, 19
  next month el mes que viene, 52
moon la luna, 116
more más, 34, 35, 39
morning la mañana, 51
  in the morning de la mañana, 51;
  por la mañana, 111
mother la madre, 12
mother-in-law la suegra, 15
mouth la boca, 26, 78
to **move** desplazar, 73
to **move away** apartarse, 122
moved conmovido, 76
much mucho/a, 12
mumps las paperas, 81
municipal municipal, 100
mushroom el champiñón, 49
mussels los mejillones, 49
must deber, 24, 59
my mi, 12, 17
myelogram el mielograma, 103

N

name el nombre, 29, 47
  what is your name? ¿cómo se llama
  usted?, 2
  my name is . . . me llamo . . . , 2
narcotic el narcótico, 71
natural natural, 91
nature la índole, 115
nausea las náuseas, 61
near cercano/a (*adj.*), 29; cerca de
  (*prep.*), 37, 59
near-sightedness la miopía, 81
to **be necessary** hacer falta, 83
neck el cuello, 26, 78
necktie la corbata, 37
to **need** necesitar, 24
needle la aguja, 71, 113
neither tampoco, 40, 47
neither . . . nor ni . . . ni, 40
nephew el sobrino, 15
nephrectomy la nefrectomía, 113
nervous nervioso/a, 16, 100
neuritis la neuritis, 81
neurologist el/la neurólogo/a, 3
neurosis la neurosis, 81
neurosurgeon el/la neurocirujano/a,
  3
never nunca, 40, 59

new nuevo/a, 13
newborn child el recién nacido, 100
next próximo/a, 79
next to al lado de, 37
nice simpático/a, 1
niece la sobrina, 15
night la noche, 2
nightgown el camisón, 37
night table la mesilla, 36
nine nueve, 7
nine hundred novecientos/as, 24, 28
ninth noveno/a, 28
nipple el pezón, 100
nitrous oxide el gas hilarante, 91
no ningún, ninguna (*adj.*), 40
nobody nadie, 40
to **nod one's head** asentir (ie) con la cabeza, 90
no longer ya no, 68
none ninguno/a, 40
normal normal, 68
normally normalmente, 46
nose la nariz, 26
not . . . any ningún, ninguna, 40
not . . . anybody nadie, 40
to **note** anotar, 68
not . . . either tampoco, 40, 47
nothing nada, 34
November noviembre, 19
novocaine la novocaína, 91
now ahora, 3
  now then, . . . ahora bien, . . . , 78
  for now de momento, 78
  from now on de ahora en adelante, 68
number el número, 25; la cifra, 68
nurse la enfermera, 2; el enfermero, 4
  surgical la enfermera quirúrgica, 116
to **nurse** amamantar, dar el pecho, 100
nurse practitioner la enfermera practicante, 68
nursing la lactancia, 100

O

to **observe** observar, 59
obstetrician el/la obstetra, 4, 100
obstetrics la obstetricia, 4
obstructed obstruido/a, 111
to **be obtained** obtenerse, 53
to **occur** ocurrir, 78, 111
October octubre, 19
of de, 3
of course por supuesto, 47
office la consulta, 58; el consultorio, 90
oh! ¡ay!, 3
ointment la pomada, el ungüento, 70
okay, . . . bueno, . . . , 59
old anciano/a, 15; antiguo/a, 116
old wives' tales los cuentos de viejas, 116

olive la aceituna, 49
on sobre, 35; en, 37
one un/una, 1; uno, 7
onion la cebolla, 49
only único/a, 78; sólo, 79
on top of encima de, 37
to **open** abrir, 63, 78
opening el orificio, 80
to **operate** operar, 111
operating room la sala de operaciones, 4, 110
operation la operación, 4, 12
or o, 24
orange el color naranja, 44; la naranja, 49
orange juice el jugo de naranja, 49
organ el órgano, 26, 101
orifice el orificio, 80
orthodontics la ortodoncia, 93
orthodontist el ortodontólogo, 5
orthopedist el ortopedista, 5
osteomyelitis la osteomielitis, 81
other otro/a, 29, 35
ought deber, 24, 59
ounce una onza, 71
our(s) nuestro(s), nuestra(s), 17, 40
outside fuera, 24
outward hacia afuera, 73
ovary el ovario, 80

P

pacemaker el marcapasos, 113
pain el dolor, 59
  dull el dolor sordo, 61
  sharp el dolor agudo, 61
painkiller el calmante, 71
pair el par, 35
pajamas el pijama, 37
palate el paladar, 92
pallor la palidez, 61
palpitations las palpitaciones, 81
pamphlet el folleto, 79
pancreas el páncreas, 27
pants los pantalones, 35; el pantalón, 37
PAP smear la prueba de Papanicolaou, 103
paralysis la parálisis, 61
paramedic el paramédico, 122
part la parte, 35
passenger el pasajero, 122
pastry el pastel, 46
patient el/la paciente, 2
to **pay** pagar, 29
to **pay attention** prestar atención, 68
peach el durazno, el melocotón, 49
pear la pera, 49
peas los chícharos, los guisantes, 49
pediatrician el pediatra, 4
pediatrics la pediatría, 4
pencil el lápiz, 73
penis el pene, 80
people la gente, 53
pepper la pimienta (*spice*), 49;

el pimiento (*vegetable*), 49
percent por ciento, 53
percussion hammer el martillo de percusión, 71
periodically a ratos, 59
periodontics la periodoncia, 93
peritonitis la peritonitis, 81
permanent definitivo/a, 78
person la persona, 79
personality la personalidad, 16
pharmacist el farmacéutico, 4, 69
pharmacy la farmacia, 4, 24, 69
phlegm la flema, 61
physiotherapist el fisioterapeuta, 4
physiotherapy la fisioterapia, 4
to **pick up** recoger, 69
pill la pastilla, 68, 69
pillow la almohada, 36, 122
pineapple la piña, 49
pink rosado/a, 44
pins and needles el hormigueo, 61
pint una pinta, 71
to **place** colocar, 73, 101
plaque el sarro, 93
plastic surgery la cirugía plástica (*o* cosmética), 113
pleasant simpático/a, 13
please por favor, 24
  to **please** gustar, 46, 47, 50-51
pleased to meet you mucho gusto, 12
pleasure el gusto, 12
  the pleasure is mine el gusto es mío, 12
plum la ciruela, 49
plunger el émbolo, 73
point of entry el punto de entrada, 80
point of exit el punto de salida, 80
to **point to** señalar, 35
poliomyelitis la poliomielitis, 81
pomegranate la granada, 49
poor pobre, 53
  poor thing! ¡pobrecito!, 13
poorly mal, 2, 8
popular wisdom la sabiduría popular, 116
pork el cerdo, 49
to **possess** poseer, 53
possible posible, 58
post el puesto, 59
potato la patata, la papa, 47
poultry las aves, 49
pound la libra, 71
practically prácticamente, 68
to **prefer** preferir (ie), 91
preference la preferencia, 47
pregnancy el embarazo, 79
to **prepare** preparar, 69
to **prescribe** recetar, 78
prescription la receta, 69
present actual, 16
to **press** oprimir, 105
pretty bonito/a, 15
previous previo/a, 29
private privado/a, 24
probe el estilete, 71

problem el problema, 78
procedure el procedimiento, 101
to **proceed** proceder, 100
to **produce** producir, 79
profession la profesión, 4
prognosis la prognosis, 81
proof la prueba, 53
prostate la próstata, 80
prostatectomy la prostatectomía, 113
prothrombine time el tiempo de
  protrombina, 103
psychiatrist el psiquiatra, 4
psychiatry la psiquiatría, 4
psychosis la psicosis, 81
to **pull** tirar, 73
pulse el pulso, 111
purgative el purgante, 71
purple morado/a, 44
pus el pus, 61
to **push** empujar, 73, 123
to **put** poner, 73
to **put away** guardar, 35
to **put on** ponerse, 101
pyorrhea la piorrea, 93

Q

quality la calidad, 53
quantity la cantidad, 53
quart un cuarto, 71
question la pregunta, 100
quince el membrillo, 49
quite a bit bastante, 78

R

radiologist el radiólogo, 4
radiology la radiología, 4
radish el rábano, 49
it's raining llueve (*llover*), 82
to **raise** levantar, 34
range la gama, 116
rash la urticaria, 61
raspberry la frambuesa, 49
raw crudo/a, 53
razor la máquina de afeitar, 37
razor blades las hojas de afeitar, 37
to **reach** llegar, 59; alcanzar, 73
to **read** leer, 69
ready preparado/a, 69; a punto, 123
reception desk la recepción, 4
receptionist la recepcionista, 4, 24
reception office la oficina de
  recepción, 5, 24
to **record** anotar, 68
recovery room la sala de recuperación, 110
rectum el recto, 27
red rojo/a, 35
red blood cell el hematocrito, 103
relative el pariente, 29
to **relieve** aliviar, 100
to **remain** quedarse, 106
remainder el resto, 58
to **remember** recordar (ue), 100
removal (*surgical*) la extirpación, 113

to **remove** sacar, 68, 78; quitar, 101
to **repeat** repetir (i), 101
reproductive system el sistema
  reproductivo, 80
to **require** exigir, 105
reserved reservado/a, 16
resident el residente, 5
to **respond** responder, 34
rest el resto, 58
to **rest** descansar, 58
to **result** resultar, 78
to **retain** retener, 53
retractor el retractor, 113
to **return** volver (ue), 68
rhinoplasty la rinoplastia, 113
ribs las costillas, 49
rich rico/a, 100
right derecho/a
right away enseguida, 93
right now ahora mismo, 76
right side up boca arriba, 101
to the right a la derecha, 24
to the right of a la derecha de, 37
ring el anillo, 101
to **ring** tocar, 34
to **rinse one's mouth** enjuagarse la
  boca, 93
roast beef el rosbif, 49
role el papel, 116
room el cuarto, 3; la habitación, 59
rough áspero/a, 58
to **rub** frotar, 73

S

sac la bolsa, 80
sad triste, 13
sadness tristeza, 76
safe seguro/a, 35
salad la ensalada, 47, 48
salmon el salmón, 49
salt la sal, 49
same as igual que, 122
sandal la sandalia, 37
sandwich el sandwich, 48
sanitary napkin la compresa,
  la toalla sanitaria, 37
sardines las sardinas, 49
Saturday sábado, 19
sausage la salchicha, 49
saw la sierra, 113
to **say** decir, 76, 84, 91
scale la báscula, 68, 70
scalpel el bisturí, el escalpelo, 70, 113
scare el susto, 76, 110
scarlet fever la escarlatina, 81
scientific científico/a, 115
scratchy áspero/a, 58
scrotum el escroto, 80
second segundo/a (*adj.*), 28;
  el segundo (*n.*), 122
secretary la secretaria, 5
secretion la secreción, 61
sedative el sedante, 71
sedimentation rate la velocidad de
  sedimentación, 103

to **see** ver, 68
to **seek** buscar, 24
selection la selección, 47
semen el semen, 80
seminal fluid el líquido seminal, 80
to **send** mandar, 101
sense el sentido, 27
September septiembre, 12, 19
serious serio/a, 78; grave, 122
seriously en serio, 78
serum el suero, 112
to **serve** servir, 24
  can I help you? ¿en qué puedo
  servirle?, 24
seven siete, 7
seven hundred setecientos/as, 28
seventh séptimo/a, 28
several varios, varias, 34
severe serio/a, 78
to **shake** agitar, 73
sharp agudo/a, 61
to **shave** afeitarse, 106
shaving cream la crema de afeitar, 37
sheet la sábana (*bed*), 36; la hoja
  (*paper*), 68
shelf el estante, 76
shellfish los mariscos, 49
shirt la camisa, 35
shock el sobresalto, 116
shoe el zapato, 37
short bajo/a, 15; corto/a, 105
should deber, 24, 59
shoulder el hombro, 26
shoulderblade el omóplato, 26
to **show up** aparecer, 69
shower la ducha, 36
to **shower** ducharse, 106
shrimp los camarones, las gambas, 49
shy tímido/a, 16
sick enfermo/a, 16
sick person el/la enfermo/a
sickle cells las células falciformes, 103
  sickle cell anemia anemia falci-
  forme
side el lado
side effect el efecto secundario, 69, 79
sight la vista, 27
sigmoidoscopy la sigmoidoscopía,
  103
silver plateado/a (*adj.*), 44
similar parecido/a, 101
since como, 78; desde, 78
sink el lavabo, 36
sinusitis la sinusitis, 81
sister la hermana, 14
sister-in-law la cuñada, 15
to **sit down** sentarse (ie), 3, 24, 100
six seis, 7
six hundred seiscientos/as, 28
sixth sexto/a, 28
size el tamaño, 105
skin graft el injerto de piel, 113
skirt la falda, 37
sleeve la manga, 68
slightly levemente, 73
sling el cabestrillo, 71

slipper la zapatilla, 35
small pequeño/a, 91
small intestine el intestino delgado, 27
smell el olfato (*sense*), 27
to **smoke** fumar, 24
sneeze el estornudo, 61; estornudar
to **snow** nevar (ie), 82
so tan, 111
so-so así, así, 9, 11
to **soak with** remojar en, 53; empapar en, 73
soap el jabón, 100
sociable sociable, 16
social security la seguridad social, 29
sock el calcetín, 37
soft drink el refresco, 49
solution la solución, 78
some algún, alguna, 40
somebody alguien, 40
something algo, 34
  something else algo más, 34
sometimes a veces, 46
son el hijo, 14
son-in-law el yerno, 14
soon pronto, 2
  see you soon hasta pronto, 2
sorry (I'm sorry) perdón, 3
to **sound** auscultar, 68
soup la sopa, 48
source la fuente, 53
Spanish el español, 122
spasm el espasmo, 61
to **speak** hablar, 2, 3
special especial, 100
speculum el espéculo, 71, 92
spell el hechizo, 116
sperm cell el espermatozoide, 80
sphygmomanometer el esfigmómetro, 68; el baumanómetro, 70
spicy picante, 116
spilling el derrame, 116
spinach las espinacas, 49
spine la columna
spiritualist el espiritista, 116
to **spit** escupir, 93
splint la férula, la tablilla, 71
sponge la esponja, 71, 113
sponge bath el baño de esponja, 105
squash la calabaza, la calabacita, 49
staircase la escalera, 105
start el sobresalto, 116
state el estado, 25
station el puesto, 59
to **stay** quedarse, 106
steak el bistec, 49
stepbrother el hermanastro, 15
stepfather el padrastro, 15
stepmother la madrastra, 15
stepsister la hermanastra, 15
stethoscope el estetoscopio, 68, 70
to **stick out one's tongue** sacar la lengua, 78
still todavía, 3; aún, 53
stimulant el estimulante, 71
stitch el punto, 113

stockings las medias, 37
  elastic las medias elásticas, 37
stomach el vientre, 26; la barriga, 26, 58; el estómago, 27
stone la piedra, 111
to **store** almacenar, 80
strabismus el estrabismo, 113
strawberry la fresa, 49
street la calle, 25
string beans las habichuelas, las judías, 49
stroke una apoplejía, un ataque fulminante, 81
strong fuerte, 105
to **subsist** subsistir, 53
such as tal como, 29
suction apparatus el aparato de succión, 113
sudden brusco/a, 116
to **suffer** sufrir, 59
sugar el azúcar, 48
to **suggest** sugerir (ie), 74
suit el traje, 37
sun el sol, 53
Sunday domingo, 19
supernatural forces las fuerzas sobrenaturales, 116
to **support** sostener, 100
supposed supuesto/a, 116
suppository el supositorio, 70
surgeon el cirujano, 4, 111
surgical tape la cinta quirúrgica, 113
suture la sutura, 113
to **swallow** tragar, 78
sweater (*cardigan*) el suéter, 37; (*pullover*) el jersey, 37
swelling la hinchazón, 61, 78
swimming la natación, 105
swollen hinchado/a, 78
swordfish el pez espada, 49
sympathectomy la simpatectomía, 113
symptom el síntoma, 58
syphilis la sífilis, 81
syringe la jeringa, 70
syrup el jarabe, 69

T

table la mesa, 36
tablespoonful una cucharada, 69, 71
tablets las tabletas, los comprimidos, 70
tachycardia la taquicardia, 61
to **take** llevar, 58; tomar, 58
to **take effect** hacer efecto, 83
to **take off** quitar(se), 101
to **take out** sacar, 68, 78
to **take place** tener lugar, 80
to **take (someone's) pulse** tomar el pulso (a alguien), 111
tall alto/a, 15
tampon el tampón, 37
tartar el sarro, 93
taste el gusto, 27
tea el té, 48

teaspoonful una cucharadita, 71
technician el/la técnico/a, 4, 101
teeth los dientes, 26; la dentadura, 53, 92
  false la dentadura postiza, 37
  milk los dientes de leche, 93
  permanent los dientes permanentes, 93
telephone el teléfono, 25
television la televisión; el televisor (*set*), 36
to **tell** decir, 76, 84, 91
ten diez, 7
tenth décimo/a, 28
  one tenth un décimo, 72
test la prueba, 101
testicle el testículo, 80
than que, 34
thank you gracias, 2, 3
that ese, esa, 35, 39; que, 35
their su, 17
theirs suyo(s), suya(s), 40
them los, 78, 84; las, 84; les, 59, 84
then entonces, 79; luego, 91
therapist el/la terapeuta, 5
there allí, 24; ahí, 35
there is/are hay, 35
thermography la termografía, 103
thermometer el termómetro, 70
these estos, estas, 29, 35, 39
thigh el muslo, 36
thin delgado/a, 13; flaco/a, 15
thing la cosa, 35
to **think** creer, 58; pensar (ie), 78
third tercer(a), tercero/a, 28
  one third un tercio, 72
this este, esta, 39; dicho/a, 73
thoracic surgery la cirugía torácica, 113
thoroughly detenidamente, 68
those esos, esas, 35, 39
thousand mil, 28
throat la garganta, 26, 58, 78
three tres, 7
three hundred trescientos/as, 28
to **throw** tirar, 35
thrush la moniliasis, 81
thumb el pulgar, 26
Thursday jueves, 19
thyroidectomy la tiroidectomía, 113
tight ajustado/a, 105
tingling la comezón, 61; el hormigueo, 61
tired cansado/a, 13
time la vez, 29; la hora, 47; el tiempo, 79
  for the first time por primera vez, 29
tiredness el cansancio, 61
tissue culture el cultivo de tejido, 103
to a, 3; para, 3
toast el pan tostado, 46; las tostadas, 48
today hoy, 2
toe el dedo (del pie), 26
together juntos/as, 3

together with junto con, 53
toilet el inodoro, 36
toilet paper el papel de baño, 36
tomato el tomate, 49
tomorrow mañana, 12
tongs las tenazas, 113
tongue la lengua, 78, 92
tonight esta noche, 52
tonsilectomy la amigdalectomía, 113
tonsils las amígdalas, 78
tooth el diente (*front*), 92; la muela (*molar*), 90
toothbrush el cepillo de dientes, 93
tooth decay las caries, 53, 93
toothpaste la pasta de dientes, 93
touch el tacto, 27
touched (*emotion*) conmovido/a, 76
towel la toalla, 36, 100
town el pueblo, 53
tracheotomy la traqueotomía, 113
tranquilizer el tranquilizante, 71
transplant el transplante, 113
treatment el tratamiento, 29
tremor el temblor, 61
trichomoniasis la tricomoniasis, 81
truth la verdad, 46
to **try** procurar, 58; intentar, 91; tratar de, 122
tubal ligation la ligación de trompas, 80
tuberculosis la tuberculosis, 81
tubing los tubos, 113
Tuesday martes, 19
tumor el tumor, 61
tuna fish el atún, 49
turkey el pavo, 49
to **turn out** quedar, 111
to **turn upside down** voltear, 73
two dos, 7
two hundred doscientos/as, 28
typhus el tifus, 81

U

ugly feo/a, 15
ulcer la úlcera, 81
ultrasound transmitter el trasmisor de ultrasonido, 102
uncle el tío, 14
uncomfortable incómodo/a, 16
under debajo de, 35
underage menor de edad, 29
underpants las bragas, 37
undershirt la camiseta, 37
to **understand** entender (ie), 110
unhappy descontento/a, 16
United States los Estados Unidos, 53
unpleasant antipático/a, 16
until hasta, 2, 47
upper superior, 73
upset el trastorno, 101
ureter el uréter, 27, 80
urethra la uretra, 27, 80
urinal el orinal, 36; el pato

urologist el/la urólogo/a, 5
us nos, 51, 84
to **use** usar, 34; emplear, 116
uterus la matriz, el útero, 80

V

vagina la vagina, 80
vaginitis la vaginitis, 81
validity la validez, 115
valve la válvula, 26
varied variado/a, 100
vas deferens los vasos diferentes, 80
vasectomy la vasectomía, 79, 80
veal la ternera, 49
vegetables las verduras, 47; las legumbres, 49
vein la vena, 26
venereal diseases enfermedades venéreas, 81
vertigo el vértigo, 61
very muy, 2
vest el chaleco, 37
violent brusco/a, 116
vision la vista, 27
  blurred vision la vista borrosa, 61
  double vision la vista doble, 61
  obscured vision la vista nublada, 61
visit la visita, 79
vomiting los vómitos, 58

W

to **wait** esperar, 24
to **wake up** despertarse (ie), 106
wall la pared, 59
to **want** desear, 24; querer (ie), 12, 78, 79, 91, 93
warlock el brujo, 116
to **wash** lavar(se), 100
Wasserman test la prueba de Wasserman, 103
watch el reloj, 101
to **watch** mirar, 68
water el agua (*f.*), 100
way la forma, 100; la manera, 100
  this way de esta forma, 100; de esta manera, 100
weak débil, 16; flojo/a, 16, 111
weakness la debilidad, 61
weather el tiempo, 82
  to **be bad weather** hacer mal tiempo, 82
  to **be nice weather** hacer buen tiempo, 82
Wednesday el miércoles, 12, 19
week la semana, 47
  next week la semana que viene, 52
weight el peso, 15
you're welcome de nada, 34
well bien, 2
well, . . . pues, . . . , 3
what qué, 12; cuál, 25; lo que, 100, 104

when? ¿cuándo?, 29
where? ¿dónde?, 3, 24; ¿a dónde?, 29
which lo que, 53
which? ¿cuál?, 25
while mientras (*adv.*), 47; el rato, el ratito (*n.*), 59
white blanco/a, 35
white blood cell el leucocito, 103
who? ¿quién?, 3
whooping cough la tos ferina, 81
whose cuyo/a, 116
why? ¿por qué?, 29, 47
wide ancho/a, 105; amplio/a, 116
widespread difundido/a, 116
wife la esposa, 14
wig la peluca, 37
window la ventana, 36
wisdom teeth las muelas del juicio, 92
witch la bruja, 116
witchcraft la brujería, 116
with con, 3
within dentro de, 35
woman (Mrs.) la señora, 2
word la palabra, 110
to **work** trabajar, 3
worried preocupado/a, 13
worry la inquietud, 105
worse peor, 2, 8, 40
wound la lesión, 110
wrist la muñeca, 26
to **write** escribir, 47, 84

X

X-ray la radiografía, 58
X-ray machine el aparato de rayos X, 92

Y

year el año, 19
  next year el año que viene, 52
yeck! ¡uf!, 101
yellow amarillo/a, 44
yes sí, 34
yesterday ayer, 34
yesterday afternoon ayer por la tarde, 91
yesterday morning ayer por la mañana, 111
you (*formal*) usted, 2, 3, 6; la, 59; las, 84; lo, 78, 84; los, 78, 84; le(s), 59, 84
you (*fam.*) tú, 3, 6; te, 51, 84, 90, 91, 95, 103
young joven, 13
your tu (*fam.*), 17; su (*form.*), 17
yours suyo(s), suya(s) (*form.*), 40; tuyo(s), tuya(s), 40

Z

zip code la zona postal, 25

Index